"Las guerras pueden librarse con armas,

pero las ganan los hombres.

Es el espíritu de los hombres que siguen

y el espíritu del hombre que dirige lo que gana la victoria".

—*General George S. Patton*

Lo que otras personas dicen sobre *Personas Inesperadas*...

"Mi esposa, Christine, y yo sentimos pasión por rescatar a muchachas del tráfico de personas. En última instancia, el problema del tráfico en realidad descansa sobre hombres. Agradezco los incansables esfuerzos de Paul Cole por alcanzar a hombres en todo el planeta con el evangelio, y ayudar a hombres a cambiar y convertirse en hombres de propósito y gracia. El nuevo libro de Paul, *Personas inesperadas*, es exactamente lo que los hombres necesitamos para comenzar a estar a la altura de la identidad que Dios tiene para cada uno de nosotros, y dejar de victimizar a mujeres y niños. Te aliento a que consigas un ejemplar y lo leas hoy."

—*Nick Caine*
Cofundador de La Red A21

"Nehemías era un esclavo, el copero del rey. Como lo expresa Paul Cole, era el camarero. Después de oír sobre las ruinas de Jerusalén, Nehemías tuvo algo más que un cambio de dirección; tuvo un cambio de conexión. La antigua palabra hebrea *shubh* en la gran oración de Nehemías da a entender que Dios pasa de ser una gran idea a ser un gran amigo, y rendirse a la petición de ese amigo. La vida de Nehemías ilustra que cuando los hombres intentan vivir la vida cristiana sin Cristo, están destinados al fracaso. Cristo es el centro de nuestra identidad, nuestra vida, nuestro aliento. En *Personas inesperadas*, Paul habla directamente a lo más íntimo de nuestra identidad como hombres, y nos da el resultado deseado: *que personas inesperadas cambian el mundo*."

—*Leonard Sweet*
Autor de éxitos de venta y profesor
Fundador y colaborador principal de preachthestory.com
Orcas Island, WA

"Paul Cole provee ayuda a los hombres para descubrir la identidad verdadera, y pone fin a parte de la confusión en la cultura actual. Paul desarrolla un llamado a hablar verdad a los hombres, y lo hace con gran fortaleza y perseverancia ante un mundo cada vez más feminizado."

—Phil Pringle
Fundador de Christian City Churches
Sidney, Australia

"Con frecuencia es en los momentos oscuros donde obtenemos la mayor claridad; podemos ver las estrellas más lejanas solamente en la noche más oscura. Cuando tenemos claridad, enfoque, y asegurada nuestra identidad, podemos llegar a ser los hombres que Dios creó para que fuéramos. Para convertirte en un campeón, seguro en tu identidad, el libro de mi hermano Paul Cole, *Personas inesperadas cambian el mundo*, es una gran lectura para ti".

—Dale C. Bronner
Fundador/pastor principal
Word of Faith Family Worship Cathedral
Atlanta, GA

"Si tu deseo es tener en tu iglesia hombres fuertes de fe que amen a Cristo y pongan primero a la familia, entonces te recomiendo a Paul Cole. Los hombres son transformados por las fuertes palabras que comparte Paul. Paul tiene un gran deseo en su corazón de edificar iglesias locales fuertes ¡edificando hombres fuertes!".

—Dino Rizzo
Director ejecutivo, Association of Related Churches
Pastor asociado, Church of the Highlands
Birmingham, AL

"Por mucho que no nos guste admitirlo, los hombres batallamos. Paul Cole entiende todos los problemas cuando se trata de la verdadera hombría. Él habla a nuestros problemas; él escribe sobre nuestros problemas. Cuando Paul habla, escuchamos. Cuando Paul escribe, leemos. ¿Me permites ser franco? Lo que Paul enseña nos ayudará a ti y a mí a crecer... a ser los hombres que Dios siempre imaginó, que nosotros soñamos siempre, que nuestras esposas quisieron siempre, y nuestros hijos necesitan verdaderamente. Paul lo escribió. Consigue el libro. Léelo."

—Jim Garlow
Pastor principal, Skyline Church
Autor de éxitos de ventas del *New York Times*

"Todos los hombres somos imperfectos, pero eso no significa que nuestra identidad esté dañada. Somos quienes Dios dice que somos desde el momento en que tenemos un encuentro con Cristo y lo aceptamos en nuestra vida. Eso fue lo que le sucedió a Nehemías, sobre quien escribe Paul Cole de modo tan brillante en su libro *Personas inesperadas*. Cuando un hombre reconoce su identidad, puede comenzar a vivir como la persona nueva que Dios creó que fuera. ¿Por qué no comenzar hoy mismo? Tan solo abre el libro y lee..."

—Leon Fontaine
Pastor principal, Springs Church
CEO, Miracle Channel

"Los hombres no necesitan otro sermón. Los hombres necesitan liderazgo. En *Personas inesperadas*, brilla el liderazgo de Paul Cole. Desde el personaje bíblico de Nehemías, hasta un hombre sentado en un avión la semana pasada, Paul subraya sus puntos utilizando historia tras historia sobre cómo hombres comunes fueron más allá de la existencia cotidiana para vivir vidas extraordinarias que tocaron el mundo que les rodeaba. Serás iluminado y alentado mediante este libro."

—Harry Jackson
Pastor principal, Hope Christian Church
Washington, DC

"Cuando veo un libro de Paul Cole, pienso con agradecimiento en los cientos de miles, y probablemente millones, de hombres que han sido alcanzados y cambiados mediante el ministerio de Christian Men's Network. *Personas inesperadas* habla sobre el "copero del rey", Nehemías, y está lleno del tipo de sabiduría que uno esperaría de este ministerio, que conduce a los hombres a llegar a ser hombres de excelencia, hombres con un espíritu fuerte, y hombres con un propósito definido. Lo recomiendo."

—*Doug Beacham*
Superintendente General
International Pentecostal Holiness Church

"Hay una frase que se utiliza frecuentemente en la cultura de la iglesia afroamericana y que habla de Dios como quien "arregla el corazón y regula la mente". El libro de Paul Cole, *Personas inesperadas,* presenta a Dios como quien "arregla el alma"; un Experto eterno y siempre preparado que sana las heridas de las almas de los hombres y arregla el corazón, a la vez que regula la mente para que los hombres lleguen a ser lo que Dios quiso que fueran."

—*Kenneth C. Ulmer*
Pastor principal, Faithful Central Bible Church
Los Ángeles, CA

"Nadie tiene un ministerio global mayor en el ministerio de los hombres que el de ver cambio por cientos de miles como Paul Cole; todos tenemos mucho que aprender de él."

—*Bob Roberts, Jr.*
Pastor principal, Northwood Church
Keller, TX

"Hoy día, los hombres pueden llegar a ser cónyuges amorosos, mejores padres, mejores amigos, más generosos, amorosos y compasivos, todo ello haciendo una sola cosa: pasar tiempo con Jesús. El libro de Paul Cole atrae al hombre, dirigiéndolo a perderse en Cristo, y después encontrarse a sí mismo por medio de Cristo. Es una experiencia que recomiendo para todo hombre."

—James Merritt
Pastor principal, CrossPointe Church
Expresidente de la Convención Bautista del Sur
Autor de 52 *Semanas con Jesús*

"Todo el mundo debería tener una mamá espiritual o un papá espiritual. Ed Cole fue un papá espiritual para grandes líderes, y ahora Paul Louis Cole es lo mismo. Paul se ha sentado en cafeterías siendo mentor de hombres literalmente en todo el mundo. En *Personas inesperadas*, Paul provee a los hombres la imagen de lo que Dios espera de nosotros, y quienes Él nos hizo ser. Por lo tanto, agarra un libro, una taza de café, y presta atención a lo que Paul tiene que decir."

—Steve Kelly
Pastor principal, Wave Church
Virginia Beach, VA

"Ningún hombre es lo bastante inteligente para lograr por sí solo los mejores resultados de Dios para su vida. Mi amigo Paul Cole está alcanzando a los hombres y guiándolos a una relación más cercana con Dios, y retándolos a servir al propósito que Dios les ha dado. Mis elogios a Paul por su nuevo libro: *Personas inesperadas*."

—Tom Lane
Pastor ejecutivo prinipal
Pastor del campus de Dallas
Gateway Church
Southlake, Texas

"Paul Louis Cole es un gran amigo, un líder fuerte, hombre de hombres, y cuando escribe un libro, ¡los hombres necesitan leerlo! Como líder de hombres que yo mismo soy, veo que *Personas inesperadas* aborda los difíciles problemas que afrontan los hombres cada día, desde perseverar en situaciones negativas hasta tratar con un padre ausente o tomar decisiones difíciles. Este libro es una herramienta estupenda para el ministerio de hombres y un recurso valioso para todo hombre."

—*John Bowman*
Pastor de hombres, Lakewood Church
Houston, TX

"Acabo de terminar de subrayar montones de cosas en este libro crucial. Lo leí durante un vuelo en avión, y no puedo esperar a regalarlo a muchos hombres. Les cambiará porque la identidad es la crisis de nuestro tiempo. Yo he sido animado, desalentado, dejado en el banquillo y apartado, pero mi identidad no es mi posición o mi desempeño. Hombres, estamos en un viaje épico de propósito. Aceptar tu identidad es esencial, y este libro es dinamita. Nehemías era un conector piadoso... y también lo eres tú cuando aceptas la identidad de Dios para ti."

—*Jeff Kemp*
Exdefensa de la NFL
Vicepresidente, FamilyLife
Autor de *Facing the Blitz*

"Me crió una madre alcohólica y tuve siete padrastros abusivos que pasaron por mi vida. La crisis de identidad que creó mi crianza perduró a lo largo de mis primeros años como adulto. Los hombres necesitan ayuda de respuestas bíblicas que realmente funcionen para llegar a estar seguros en su identidad. Mis elogios a Paul Cole por escribir sobre la identidad de un hombre de una manera amigable y comprensible que ayudará a muchos hombres a ser hechos libres y ser genuinos."

—*Ted Roberts*
Fundador de Pure Desire Ministries International
Greshem, OR

"Los hombres me piden a menudo consejos sobre negocios, y yo respondo: 'El alma es más importante que la meta'. Cuando Jesús renueva el alma de un hombre, este es capaz de lograr sus metas. El nuevo libro de Paul Cole, *Personas inesperadas,* habla sobre renovar tu alma. Te recomiendo que lo leas a fin de alcanzar tus metas."

—*Peter Lowe*
Emprendedor de negocios

"Paul Cole nos señala hacia el carácter, la valentía, el compromiso y el honor en este nuevo libro tan estupendo. En *Personas inesperadas,* Paul no solo arroja una luz sobre los retos actuales que enfrontan los hombres en esta época, sino que también muestra un camino sobre cómo encontrar su verdadera identidad y cómo cambiar el mundo que les rodea. En tiempos de dificultad o desafío, necesitamos estos principios fundamentales si, como hombres, queremos impactar el mundo que nos rodea. Este libro nos motivará a cada uno a marcar una diferencia positiva, a cambiar el mundo que nos rodea, y a declarar: '¡Yo soy ese hombre!'".

—*Doug Stringer*
Fundador/Presidente, Somebody Cares International
Houston, TX

"Doy gracias a Dios por la sincera conversación de Paul Cole con respecto a hombres que cambian el mundo. La bendición de Paul para mi vida y las vidas de miles de otros hombres es su regalo para alentar a hombres destrozados diciéndoles que Dios no ha terminado con ellos. Él capta la esencia de cómo utiliza Dios a las personas que menos esperamos para lograr cosas grandes. Lleva todo lo que él ha escrito a ti mismo, a tus hijos, tus amigos, tus compañeros de trabajo, y cualquier otro hombre que conozcas."

—*Dwayne Pickett, Sr.*
Pastor principal, New Jerusalem Church
Jackson, MS

"Todo hombre es un original único por diseño, a cada uno se le ha otorgado su propia identidad y dones que determinan su destino. Cuando los hombres flaquean en su identidad, no cumplen el plan que Dios tiene para sus vidas. La mayoría de los hombres que abusan de mujeres tienen un problema de identidad. Resuelve el problema de identidad, y el hombre tendrá una oportunidad de honrar a su esposa. El libro más reciente de Paul Cole, *Personas inesperadas*, lleva al hombre de la flaqueza a desarrollarse en una nueva identidad. Todo hombre debería leerlo."

—*John H. Binckey, Jr.*
Fundador de Generational Group

"Asombroso. El estilo de escritura único de Paul entreteje la historia de Nehemías con las historias de muchos otros Nehemías modernos, y se convierte en el hilo del tejido en este libro excepcional. Es para cada persona que quiera descubrir o prender su propósito, potencial e identidad. Es más que un libro, es un patrón que hará que personas inesperadas logren cosas excepcionales."

—*Rob Carman*
Fundador/Presidente, Victory World Missions
Dallas, TX

"¿Sabes lo que se necesita para ser un hombre de verdad? ¿Quieres ser un hombre de verdad? Durante años, yo hice cosas de hombre y pensaba que era todo eso, pero nunca supe lo que realmente significaba ser un hombre. Para encontrar tu identidad como hombre, lee el nuevo libro de Paul Cole, *Personas inesperadas*. Si quieres que tu esposa te ame, tus hijos te respeten, y tu futuro brille más, plántate y comienza a leer AHORA."

—*Ted DiBiase*
"Million Dollar Man"
Luchador de la WWE/Salón de la Fama
Evangelist, MS

"Sostienes en tus manos una lectura estupenda pero, más que eso, estás sosteniendo el corazón de un gran hombre. El autor Paul Cole es uno entre un millón. Esta oferta, *Personas inesperadas,* es como pasar el fin de semana con Paul, sentado al lado de una fogata escuchándolo relatar historias. Este es el tipo de cosas de las que él está hecho. Amo a Paul, quién es él, lo que defiende, y donde está invirtiendo su vida... en los hombres. No te limites a leer este libro, escucha mientras lees."

—*Lorne Tebbutt*
Fundador y ministro principal, C3CalgaryWest
Supervisor regional para C3Canada

"Paul Cole está lleno de nueva perspectiva y sabiduría, y su libro, *Personas inesperadas,* refleja precisamente eso. Los hombres necesitamos toda la ayuda que podamos obtener para pensar correctamente, a fin de actuar correctamente, vivir correctamente, y ser rectos. Hacer un estudio de este libro sería un gran ejercicio para cualquier hombre. Te aliento a que comiences enseguida."

—*Steve Dulin*
Director ejecutivo de Gateway Business Leaders
Anciano fundador, Gateway Church
Southlake, TX

"Tu pasado no determina tu futuro, pero si no cambias tu modo de pensar, tu pasado es tu futuro." En el libro de Paul Cole, *Personas inesperadas,* él bosqueja la solución de todo hombre a la crisis de identidad, ayudando a los hombres a pensar y a vernos a nosotros mismos como Dios lo hace. Para vivir una vida significativa ahora y avanzar hacia un futuro incluso más significativo, lee este libro. Porque 'las personas inesperadas cambian el mundo', y tú bien podrías ser esa persona inesperada que todos estamos esperando."

—*Joel Brooks*
Pastor principal, Stones Church
Kalamazoo, MI

"Paul Louis Cole es mi amigo y hermano. En Christian Men's Network Indonesia tenemos que trabajar con los hombres para que entiendan su identidad en Cristo antes de que cambien su conducta. Y cuando lo hacemos, ellos comienzan a amar a sus esposas, servir en la comunidad, y ayudar a los demás. *Personas inesperadas* ayudará a todo hombre a llegar a ser un mejor hombre".

—*Eddy Leo*
Fundador de Abbalove y CMN Indonesia

Para Lindsay, Niles, Brandon, Meredith, Bryce

Estoy intensamente orgulloso de ustedes

y les amo profundamente.

Ustedes son la historia que he escrito

con mi vida.

PAUL LOUIS **COLE**

PERSONAS INESPERADAS

CAMBIAN EL MUNDO

Whitaker House Español

Resolute Books

A menos que se indique lo contrario, todas las citas de la Escritura han sido tomadas de la *Santa Biblia, Nueva Versión Internacional*®, nvi®, © 1999 por la Sociedad Bíblica Internacional. Usadas con permiso. Todos los derechos reservados. Las citas de la Escritura marcadas (RVR) son tomadas de la *Santa Biblia, Versión Reina-Valera 1960*, rvr, © 1960 por las Sociedades Bíblicas en América Latina; © renovado 1988 por las Sociedades Bíblicas Unidas. Usadas con permiso. Todos los derechos reservados. Las citas de la Escritura marcadas (NTV) son tomadas de la *Santa Biblia, Nueva Traducción Viviente*, © 2008, 2009 Tyndale House Foundation. Usadas con permiso de Tyndale House Publishers, Inc., Wheaton, Illinois 60189. Todos los derechos reservados.
Cursivas y negritas en los textos y citas bíblicas son énfasis del autor.

Editado por: Ofelia Pérez

Personas inesperadas cambian el mundo
Publicado originalmente en inglés bajo el título
Just a Bartender: Unexpected People Change the World

Christian Men's Network
PO Box 3
Grapevine, Texas 76099

ISBN: 978-1-64123-008-7
eBook ISBN: 978-1-62911-998-4
Impreso en los Estados Unidos de América

Publicado por
Resolute Books
Whitaker House
1030 Hunt Valley Circle
New Kensington, PA 15068
www.whitakerhouseespanol.com

Por favor, envíe sugerencias sobre este libro a: comentarios@whitakerhouse.com.

1 2 3 4 5 6 7 8 9 10 11 24 23 22 21 20 19 18

ÍNDICE

PRÓLOGO

A pesar de cualquier cosa que te haya definido hasta este punto, *Personas inesperadas* te ayudará a descubrir y a liberar el sueño, la pasión que yace en lo más profundo de tu ser, y que define *quién* eres realmente.

Utilizando la vida de Nehemías, el "copero" en la Escritura, Paul Louis Cole ha creado una analogía estupenda para cualquier hombre: ¡un camarero! **Nehemías fue un camarero y un esclavo, pero ascendió hasta la prominencia como líder y salvó a su nación. Él es prueba de que "personas inesperadas cambian el mundo".**

Nehemías fue más que solamente un esclavo, y tú eres más que solamente un _______________ (*llena el espacio en blanco*).

Muchos de nosotros quedamos atrapados en lo que vemos a nuestro alrededor. Tenemos la meta de llegar a ciertas alturas: comprar una casa nueva, recibir una bonificación, llevar a nuestros hijos a cierta escuela, recibir un ascenso, comenzar una nueva relación, o ganar un campeonato de la NBA. Aunque todas esas cosas pueden ser buenas (¡y ganar campeonatos se siente estupendo!), siguen sin satisfacer el deseo interior y el sueño de un corazón que no ha resuelto la pregunta: ¿Estoy viviendo *a la máxima capacidad de mi vida, o hay más?*

Quedar atrapado en "Hacer, hacer, hacer; conquistar, conquistar, conquistar; acción, acción, acción; resultados, resultados, resultados" puede apaciguarnos, pero entierra los verdaderos problemas interiores de nuestras vidas. Satisfacciones temporales, recompensas, trofeos, méritos y campeonatos son cosas estupendas en sí mismas, pero no te llenarán hasta tu máxima capacidad. Y no lograrlos puede ser devastador.

Personas inesperadas te ayudará. Me gustaría regalar algunos ejemplares a personas que conozco y que no sienten que están viviendo su destino. Para un hombre que acaba de salir del sistema carcelario: por favor, entiende que una celda puede que sea donde *estuviste*, pero no significa que sea quien tú *eres*. Para personas que intentan regresar al camino: por favor, entiende que tu futuro está determinado por *no* permitir que otros te definan.

Cuando tus pensamientos cambian, también cambiará tu futuro. Sí tienes esperanza, y tienes algo más que solamente un propósito ordinario, porque "personas inesperadas cambian el mundo".

—*A.C. Green*
Hombre de acero de la NBA
Los Ángeles

1

HISTORIA

Josh dice que conoce a casi todos los clientes que entran en su bar. Conoce sus sueños y sus desengaños, sus derrotas y sus deseos. Él dice: "Todo el mundo tiene una historia, y creo que he escuchado la mayoría de ellas. Demasiadas veces, con muchos detalles".

Yo pregunto: "Y ¿cuántas personas conocen *tu* historia?". Detrás de nosotros, un camarero en la barra calienta la leche humeante en la máquina de café, mientras los clientes entran y salen apresuradamente en la mañana temprano. Yo estoy escuchando. Josh vacila. Al menos está aquí.

"A nadie le interesa mi historia", dice. "Tan solo les interesa si la cerveza está fría."

Un veterano de intensas batallas militares, Josh tiene una historia dramática, pero nadie escucha. Él es solamente un camarero. Está allí para proporcionar una buena bebida y un oído que escucha.

Camareros y peluqueras... ellos conocen las historias de todo el mundo, pero no hay muchos que conozcan la de ellos. Ellos escuchan. Los clientes hablan. Los clientes saben lo que ellos hacen, pero no saben quiénes son.

Hay otro hombre a quien las personas no prestaban mucha atención. Nehemías era el camarero para un rey; y era un esclavo. Los esclavos no tienen historias notables, en particular no una historia que un rey querría oír. Por lo tanto, mientras el rey hablaba, Nehemías el camarero escuchaba. Y como mi amigo Josh, Nehemías veía y oía algunos asuntos muy privados, en especial cuando el rey o sus invitados bebían y festejaban. Él conocía sus historias... pero ellos no conocían la de él.

¿Cuántas personas saben quién eres *tú* realmente? ¿Quién conoce tu historia?

Porque la mayoría de nosotros, hombres, somos identificados por lo que hacemos con nuestras manos... gerente, bombero, ejecutivo de ventas, conductor de montacargas, terapeuta físico, instalador de pisos, rector de escuela, carpintero.

Una de las primeras cosas que preguntamos cuando conocemos a otro hombre es: "¿A qué te dedicas?". Después encajamos a ese hombre. Nuestra mente trabaja mejor cuando él está encajado en cierto lugar. Tenemos un punto de referencia.

Pero ¿es lo que haces lo que verdaderamente eres?

La cultura define a un hombre por lo que hace con sus manos.
Dios define a un hombre por quién es él en su corazón.

Era alrededor del año 450 a. C. cuando Nehemías servía al rey Artajerjes, gobernador del Imperio Persa y de gran parte del mundo conocido. El título oficial de Nehemías era "copero del rey". Su empleo era una posición de confianza. Implicaba mezclar para el rey sus bebidas favoritas, mantener seguros los líquidos del rey, mantener su confianza y correr algunos riesgos, como asegurarse de que las bebidas no estuvieran envenenadas probándolas él mismo primero.

Nehemías era camarero y esclavo, un hombre que se había ganado la confianza de su amo, y quizá el respeto de sus iguales. Ese era su trabajo y su posición en la vida. Pero no era su identidad.

Una tarde, su hermano llegó con malas noticias. La ciudad de Jerusalén estaba destruida y en ruinas. Jerusalén, la ciudad real de David. Jerusalén, el centro mismo de la cultura de Nehemías, su religión, la personificación de la identidad de su pueblo. En los tranquilos pensamientos de Nehemías, Jerusalén contenía todas sus esperanzas y sueños. Era una ciudad por la que oraban los esclavos hebreos: por *"la paz de Jerusalén"*.[1] La ciudad que todos esperaban ver algún día.

Invadida por guerras y ejércitos saqueadores, la ciudad de Jerusalén llevaba en ruinas casi cien años. Pero por lo que sabía Nehemías, allí habían ido personas para reconstruirla. Para Nehemías, que estaba ocupado en el palacio, Jerusalén parecía estar a un mundo de distancia. En su mente, el trabajo en la ciudad histórica era llevado a cabo por otras personas a quienes se les había confiado la tarea, y se esperaba que hicieran su trabajo. Pero ahora su hermano le dice que Jerusalén es un inmenso caos. Los hombres allí viven con temor constante, demasiado oprimidos y desesperanzados para arriesgarse a reconstruir. La ciudad misma ha estado desolada durante tanto tiempo, y las ruinas tan desintegradas, que la destrucción ahora parece permanente.

El corazón de Nehemías está devastado. ¿La ciudad entera asolada? ¿La capital de su pueblo, el orgullo de la nación, su identidad religiosa, *destruida*? ¿Eliminada?

En la privacidad de su cuarto en el sótano, el profundo dolor y el desengaño le abaten. Él es un esclavo en un país extranjero. Ahora, sus sueños de ver Jerusalén algún día parecen solamente una fantasía. La esperanza ha quedado reducida a ruinas.

La desesperación le agobia. No puede dormir, no puede comer, de modo que comienza a ayunar. Comienza a orar. Primero durante horas, después durante días, realizando su trabajo y después regresando apresuradamente a su cuarto y cayendo de rodillas. A solas. Con Dios. Buscando el corazón de Dios, y examinando el suyo propio. En aquellas horas solitarias y desesperadas, no parece haber ninguna esperanza. Entonces, cuando la intimidad de la oración despeja el espíritu quebrantado de Nehemías, se pregunta: ¿Hay algún camino? ¿A quién conozco que pueda lograr que se hagan las cosas? Es imposible. ¿Cómo podría yo hacer algo? ¿Podría yo hacer algo? ¿Y cómo se vería eso? Sé que no nací para ser tan solo un esclavo…

Es una variación de una de las preguntas más importantes que debemos hacernos a nosotros mismos como hombres:

¿Está el nivel de vida que estoy viviendo ahora en la máxima capacidad de mi vida?

¿Estamos viviendo a nuestro máximo potencial, o hay otro nivel? ¿Estamos a plena capacidad, o hay más? ¿ES ESTO TODO?

Y quizá:

¿Qué hago para salir de aquí? ¿Hay algún camino?

Nehemías tenía un empleo estupendo, pero seguía siendo un esclavo. Como muchos hombres, él está sujeto a las circunstancias, coincidencias y cosas que suceden. También como muchos hombres, ha alcanzado alturas de mérito externo o recompensa, pero los deseos y sueños más verdaderos de su corazón no están resueltos.

Sin importar cuál sea nuestra posición, nuestras recompensas o reconocimientos, sin importar si estamos en las sombras de un mundo que ha pasado rugiendo por nuestro lado, sin importar si en cierto modo somos llevados en volandas en medio de una multitud sintiéndonos como la canción de los Eagles: "Tu prisión es caminar por este mundo a solas"[2]: puede que no seamos solitarios, pero estamos solos.

Lo que nos susurramos a nosotros mismos cuando la vida hace que seamos sinceros es con frecuencia…

¿Es esta mi realidad? ¿Estoy atascado en este camino de ser camarero/vendedor de seguros/ejecutivo empresarial/atrapado por la deuda o por una hipoteca, cuando tengo otras cosas en mi interior que me mueven profundamente, que sé que soy capaz de hacer? ¿Es que nunca perseguiré lo que realmente me hace cobrar vida? ¿Puedo incluso expresarlo? No estoy seguro…

La mayoría de nosotros tenemos algo mayor en nuestro interior; tan solo está encerrado. Las revelaciones que se encuentran en la historia de Nehemías pueden situar nuestras vidas en un nuevo camino. Nehemías era un esclavo, pero era un esclavo que tenía un sueño. Y se entregó a su sueño.

Nos convertimos en el tamaño de los sueños que tenemos el valor suficiente para perseguir.

O nos encogemos hasta el tamaño que el temor nos permite llegar a ser... que es siempre más pequeño que el diseño de Dios para nosotros.

Dondequiera que se dirigía Nehemías, se enfrentaba a un enemigo. El enemigo de la duda de sí mismo, el enemigo de la esclavitud, el enemigo del caos, desengaño, distracción. Todo eso, además del enemigo original que está detrás de todo: el que patea tu trasero casi cada semana. Jesús identificó a este enemigo: es Satanás. Él es el enemigo que intentó matar a Jesús y que intenta matarte también a ti. Hay muchas maneras de morir: la muerte de una carrera, de un sueño, de una relación.

Ese enemigo de todos los hombres quiere desgarrar tu corazón y hacer que te rindas. Este enemigo va tras tu *identidad*. ¿Cuál *es* tu identidad básica? La siguiente: fuiste creado a imagen de Dios, y naciste con un propósito. Tienes ideas, sueños y pensamientos acerca de tu vida. Eres tú mismo de modo único.

Tu identidad es la historia que te relatas a ti mismo sobre ti mismo.

Con demasiada frecuencia, la historia que los hombres se relatan a sí mismos está basada en las palabras que oyeron de otra persona. Demasiadas veces, son las palabras negativas las que permanecen. Pero mientras más te apoyas en Dios, más claro se vuelve tu propósito, más positiva tu narrativa personal, y mayor es tu potencial para el éxito.

Un gran ejemplo del poder de la identidad es el número proporcionalmente grande de personas judías que han sobresalido en premios

Nobel, literatura, finanzas, ciencias, medios de comunicación, y muchos otros logros asombrosos. Gira en torno a un pequeño hábito que han practicado durante siglos. Cuando son niños, se reúnen en torno a su padre, quien les lee historias de su herencia judía, no como historia antigua, sino como la historia de *quiénes somos*. Cuando una mujer o un varón joven llegan a la adolescencia, tienen una potente comprensión de *identidad*. Esa identidad agudiza su enfoque, capacita su toma de decisiones, y amplía su tenacidad.

Pero *si el enemigo puede robar tu identidad, puede controlar tu corazón*. Y es desde tu corazón que se desarrolla la historia de tu vida.

El enemigo quería mantener a Nehemías tras una barra como esclavo, para evitar que su historia se desatara. No es distinto contigo. El enemigo quiere mantenerte en esclavitud: un esclavo de emociones negativas, palabras desalentadoras e instintos corruptos. Pero cualquier hombre puede ser libre. Lo asombroso es que cuando eres libre, las personas que te rodean siempre tendrán su oportunidad de ser libres.

Dos hombres en el siglo primero ilustran todo esto. Pablo y Silas eran una pareja de seguidores de Jesús, jóvenes y diligentes. Debido a que habían hablado sobre su fe, los magistrados en una ciudad romana ordenaron que fueran azotados y metidos en una mazmorra local, que no es un lugar estupendo donde estar.

A medianoche, muy dentro en la oscuridad del húmedo agujero escuálido hecho en la ladera de una colina, Pablo y Silas comienzan a cantar. Cantan sobre su fe. Son cantos de alabanza y gozo. Jesús es el Señor. Dios es mi pastor. Y así siguen. Los otros hombres que estaban en la cárcel escuchan (como si tuvieran otra opción). Mientras cantan, de repente un terremoto sacude la ciudad. Las puertas de la mazmorra se abren. Se caen las cadenas de Pablo y Silas... *y también se caen las cadenas de todos los demás prisioneros*. Cuando Pablo y Silas tienen su momento de victoria, se convierte en un momento de victoria para todos los que les rodean.

Hay personas en tu vida que están a la espera de que tú seas libre, porque cuando tú seas hecho libre, ellos también serán libres. Hay personas en tu mundo que no obtendrán su victoria hasta que tú te apropies de tu victoria. En aquella cárcel, puede que pareciera que solo eran unos hombres cantando, pero sus palabras sacudieron los cielos.

Por sobre todas las cosas cuida tu corazón,
porque de él mana la vida.[3]

Josh se sienta, tranquilo. Reflexivo. Pensando. Agarra un café con leche. Ha cometido algunos errores graves, y ahora atiende un bar y pasa el rato, esperando algo, pero no sabe qué. Así que le hago la pregunta: "¿Está el nivel de vida que estás viviendo ahora en la máxima capacidad de tu vida?".

"¡No!", dice él, como si no tuviera que preguntarlo. Él sabe que tiene sueños e ideas, pero le tratan como si no tuviera ninguno, y eso confunde su identidad. Hacemos una pausa, y después digo: "Josh, ¿estás dispuesto a comenzar a replantear la historia que te relatas acerca de ti mismo?".

"Sí", es su tranquila respuesta.

Hicimos una oración y Josh comenzó. La última vez que vi a Josh, él había descubierto que era más satisfactorio vender seguros a personas que lo necesitaban que bebidas a personas que no las necesitaban. Tenía una buena novia, y estaba a punto de comprometerse. Nada de eso fue fácil. Tomó tiempo. Pero ahora está escribiendo la historia que siempre quiso vivir.

Josh *comenzó.*

2 COMIENZO

Lo contrario al temor es... *comienzo.*

Los leones pueden paralizar a los animales que van a cazar por la enorme ferocidad infrasónica de su rugido. El temor llega como un león rugiente buscando paralizarte, impedir que vivas la historia que sabes que deberías vivir. El temor te ruge cada día. Al temor no le gustas. El temor quiere que falles, porque entonces el temor gana.

La única manera de tener éxito es comenzar. La única manera segura de *no* tener éxito es *no* comenzar. Todo lo que Dios ha creado ha tenido éxito. De hecho, Dios nunca ha tenido ni un pensamiento que no haya tenido éxito.

Éxito es lo que Dios *hace.*

Y Dios quiso que el profeta Jeremías escribiera exactamente lo que Dios piensa sobre ti: "Yo *sé* lo que estoy pensando acerca de ti. Y ciertamente no pienso en tu destrucción, de hecho, pienso en un futuro exitoso y una vida llena de esperanza".[1]

Cuando aceptamos las definiciones de una cultura fallida, aceptamos su fracaso. La verdadera definición de éxito no es lo que dice el mundo. Éxito significa satisfacer plenamente tu diseño personal. Entiéndelo. Vuelve a leerlo. Aquí va:

Éxito es satisfacer plenamente tu diseño personal.

Éxito es convertirte en todo aquello para lo que Dios te diseñó, lo que en lo más hondo de ti deseas ser. El éxito no tiene que ver con la posición o el aplauso; se trata de una satisfacción muy profunda al saber que has vivido tu vida con la mayor fuerza que pudiste. Si eres el conductor de un montacargas, esfuérzate por ser el mejor. Si estás vendiendo seguros, aspira a ser el mejor vendedor de tu distrito. Si estás enseñando, gánate el corazón de los niños.

Pablo, que escribió gran parte del Nuevo Testamento, parafraseó al rey Salomón:

"Hagan lo que hagan,
trabajen de buena gana".[2]

Algunas traducciones dicen: "*...poned el corazón en lo que hagáis*".[3] Y otra dice: "*...hacedlo de corazón*".[4]

Eso. Es. Éxito. No que tuviste éxito o fallaste ante los ojos del mundo, sino que, al final del día, hiciste todo con absoluta plena intensidad. No retuviste ninguna gota de sudor, esfuerzo o agallas. Perseguiste el éxito desde lo más hondo de tu corazón.

Cuando tienes éxito, puede que nunca se vea. Es tuyo y de Dios. Cuando tienes éxito, es *tu* éxito. El autor Steven Pressfield dijo que sintió una gran satisfacción cuando llegó al final de su primera novela y escribió la palabra "Fin". Pero esa novela nunca se vendió. Nunca consiguió ni un centavo por ella. Nadie la leyó nunca. Pero el éxito de terminar le hizo darse cuenta de que podía lograr sus sueños. Así que escribió otra novela. Y otra. Y se convirtió en un autor exitoso.

Dios tiene un propósito único para la vida de cada persona. Cuando era joven me dijeron que Dios me ama y que tiene un plan maravilloso para mi vida. Lo que me mantenía despierto por las noches era la pregunta: ¿Y qué ocurre si no encuentro el plan?

Pero parafraseando a mi amigo Len Sweet, Dios te ama y tiene un *propósito* para tu vida, y un *plan* imparable para el mundo. Tu *propósito* es tu bosquejo. No te perdiste el *plan*. Por lo tanto, escribe la historia. Ahora. Comienza.

Ed es un amigo íntimo cuya trayectoria en la vida fue como la de muchos hombres, pero su resultado fue totalmente distinto. Ed era el producto de una tradición religiosa que estaba basada en obedecer reglas y estipulaciones. Ed se ríe: "Teníamos reglas que ni siquiera Dios podría obedecer". Cuando llegó a su edad adulta, ya había dejado la iglesia. Decidió que encontraría una forma de hacerlo por sí mismo.

Entonces conoció a Bárbara. Bárbara está llena de vida... y llena de diversión. Lo sé, porque es una de las mejores amigas de mi esposa. El día de la boda llegó, y todo comenzó. Bárbara ya tenía hijos cuando se casó con Ed, y juntos tuvieron más. Todos esperaban que Ed proveyera para ellos. Tenía un empleo en un restaurante, después consiguió otro empleo... y después, años más tarde, los trabajos se terminaron.

Ed se dio cuenta de que estaba en las últimas al verse al borde de la ruina financiera. Tenía muy poca relación con sus hijos. Él y Barbara no se ponían de acuerdo en nada, ambos estaban *acabados*. El trabajo, los niños, la esposa, todos contra él. Ed dice: "Si hubiera tenido un perro, el perro me habría mordido". Cuando estaba a punto de decir "se acabó" e irse, un vecino le invitó a una reunión de hombres.

En ese momento, Ed no había podido encontrar otro trabajo, así que había comenzado su propio negocio conduciendo un camión para acarrear madera de Redding (California) a Los Ángeles. Seis días por semana rodaba su diesel Internacional de un lado a otro del estado. Pero ese sábado pudo sacar el rato para ir al evento de hombres.

Entró en la reunión y le impactó ver a cientos de hombres allí reunidos. El orador era mi padre, Edwin Louis Cole. Papá dijo en esa reunión: "La mayoría de los hombres han sido entrenados para oír sermones, no para estudiar la Palabra de Dios".

El camionero Ed se dio cuenta de que, como norma, nunca había entreabierto una Biblia. También escuchó que la verdad es como el jabón, que no funciona hasta que se aplica.

Al final de la reunión, compró todos los libros y audios disponibles. Esa noche, Ed vio a su familia mientras se iban a la cama, y entonces tomó su Biblia y se tumbó en el piso del salón, con la cara hacia abajo.

Dijo: "Dios, yo no sé cómo estudiar la Biblia. No sé cómo vivir según tu Palabra. Pero ahora la estoy abriendo". Abrió la Biblia delante de él y continuó: "Te pido que me enseñes. Y si esto no funciona, entonces... será culpa *tuya*".

Durante los siguientes cuatro años, Ed escuchó las cintas de casete en un radiocasete que tenía sobre su cabeza en la cabina de su camión. Estudiaba la Palabra de Dios cada noche en los fríos y húmedos moteles al pie de la autopista, y tenía su Biblia a mano para leerla durante las horas que tardaban los trabajadores en cargar y descargar su camión. Permaneció en ello. Bárbara comenzó a notar una diferencia. Lentamente, las cosas comenzaron a cambiar.

Ed comenzó a darle otra forma a su historia y a recuperar sus sueños. Él y Bárbara regresaron al negocio del restaurante, pero esta vez como propietarios. Comenzaron con lo básico, involucrando a toda la familia. Hace más de veinte años de eso, y tienen restaurantes Biscuits Café bastante exitosos por todo el oeste de Estados Unidos. Ed sabe que guardar la Palabra en su corazón, arrepentirse delante de Dios y de su esposa, leer la Biblia, escuchar la enseñanza y dejar que Dios renovara su mente lo cambió todo.

El Ed que se postró en el piso aquella noche e hizo una sencilla oración no es el mismo Ed que yo conozco hoy. Ed no fue perfecto después de la oración. La oración fue el *comienzo*. La oración fue apretar el botón de *play*. La oración fue darle al botón de *Intro*. La oración fue girar la llave del motor de *arranque*.

La diferencia entre Ed y muchos otros es que él *comenzó*. Y tras comenzar, no se rindió. Se mantuvo enfocado, vio propósito, y fue algo adictivo. Leía su Biblia, hacía lo que ella decía, oraba más, y ahora está cumpliendo su propósito, y su familia está viviendo una vida muy exitosa y profundamente grata.

LA MEJOR FORMA DE COMENZAR ES *COMENZAR*.

He tenido el privilegio de conocer a algunos individuos con altos ingresos, estrellas del rock de los negocios, los medios de comunicación y, bueno, de la música rock. Y de todo el entrenamiento y las historias motivadoras que he oído nunca, el mejor consejo es este: la mejor forma de comenzar es *comenzar*.

Suena muy simple, pero siempre ha sido una verdad bíblica. **La obediencia simple resuelve asuntos complejos.** Dios ama a los hombres que empiezan. Dios es un defensor de los pequeños comienzos. No importa que comiences un negocio sin un plan, pero si quieres lanzar algo nuevo, entonces al menos *comienza* la planificación y la investigación.

A Dios le encantan las cosas que comienzan.
Por eso creó las semillas.

Hace años, un gran amigo motivó a decenas de hombres jóvenes a seguir sus sueños y hacer de ellos su destino. Yo pensé que el Dr. Ed Neteland debía tener una fórmula especial, un consejo profundo procedente de otro mundo. Un día le pregunté: "Ed, ¿cómo lo haces? ¿Cómo les aconsejas?".

Él me dijo que tan solo sentaba al joven en su salón de conferencias con una hoja de papel y un bolígrafo, y después hacía dos preguntas:

¿Qué harías si el dinero no fuera un impedimento?
¿Qué intentarías si supieras que no puedes fallar?

"Después", dijo, "les digo que regresen a mí cuando tengan escritas sus respuestas. Eso comienza el proceso de volver a dar forma a sus metas y sueños".

Nuestro asunto es que el comienzo parece pequeño. **La disciplina más difícil en la vida de un líder es ser fiel... en las cosas pequeñas.**

¡Comienza!

Ahora.

¡Ahora mismo!

3

PROFUNDIZAR

Cuando se enteró de la noticia de que Jerusalén estaba en ruinas, el corazón de Nehemías quedó maltrecho, su espíritu devastado, su mente abrumada y perpleja. ¿Jerusalén destruida? ¿Cómo es posible? ¡No puede ser! ¿Qué habrán estado haciendo los de la ciudad? ¿Qué puedo hacer yo? ¿Qué pueden hacer los demás?

Para comenzar, Nehemías hizo algo que la mayoría de los hombres pasan por alto. Dejó a un lado los pensamientos cada vez más negativos... y oró. No fue una oración de resignación, o derrota, o desesperación o negación. Nehemías declaró *vida* a la entumecida realidad de la situación. Oró en la viveza de su Dios. Oró en fe. La fe confía en Dios a pesar de cómo puedan verse las condiciones.

Nehemías está arrodillado en el apartamento de un esclavo, privándose de la comida, orando, y orando más. Parecía tan solo un esclavo solitario enviando al aire quejumbrosas súplicas, y sin embargo sus oraciones están reformulando su corazón. Y después, sus oraciones electrifican toda la historia de la humanidad.

Cada día, somos bombardeados con cientos de miles de mensajes, el equivalente a 174 periódicos cada día. Oímos cientos de opiniones y reportes de noticias negativas. Nos golpean los 29.500.000 millones de millones (eso es añadirle aún 12 ceros más) de piezas de información en el mundo. Y se sigue agravando. Eso es mucho tráfico en nuestra mente y espíritu... y parece que nunca aminora.

¿Qué estaba haciendo Nehemías? Estaba profundizando. Enfocándose. **El enfoque es la disciplina de extraerte a ti mismo de lo innecesario.** La oración es la herramienta más poderosa que tenemos a nuestra disposición para enfocar nuestro corazón.

La oración elimina lo intrascendente.

¿Por qué Jesús invirtió tanto tiempo en la oración? ¿Por qué no pudo, ya que era el Dios encarnado, tan solo decir: "Lo tengo bajo control"?

Como tú y como yo, a cada lugar donde iba Jesús, alguien quería que hiciera algo: "Sáname". "Ven por aquí". "Préstame atención". "Arregla esto". "Ayúdame". "Enséñame". Jesús hizo frente a incesantes peticiones de ir a la ciudad de alguien, sanar a su hijo, arreglar su sinagoga, responder a sus preguntas, acudir a una fiesta, proveer pescado y pan. La vida de Jesús era un arroyo incesante de preguntas, acusaciones, peticiones y caos. La oración centraba la humanidad de Jesús. Traía claridad a su humanidad.

La claridad siempre derrota al caos.

LA MADUREZ NO VIENE CON LA EDAD, VIENE CON LA ACEPTACIÓN DE LA RESPONSABILIDAD.

—EDWIN LOUIS COLE

Jerusalén era un lugar que Nehemías nunca había visto, pero estaba en el centro de su herencia familiar. No tenía que ver la ciudad para saber que su identidad estaba atada a ella. Se lo habían enseñando desde sus primeros días. Aunque era esclavo, soñaba con poder algún día caminar por la ciudad santa de Jerusalén. El saludo de despedida que él y todos los judíos se daban, ya fueran libres o esclavos, era siempre: "El año que viene en Jerusalén".

Nehemías hizo frente a un reporte negativo abrumador y devastador. Era tan demoledor que clamó en angustia y dolor, y después oró. No fue algo corto, como un: "Hola, Dios, ¿estás ahí?". O "Bendice los alimentos". O "Ahora me acuesto para dormirme". Su oración duró varios días. Después, tras todo el ayuno, las oraciones, las lágrimas derramadas, oímos su oración final, quizá una versión condensada, en la primera sección de sus memorias, justo después de las malas noticias.

1. ¡ARREPENTIMIENTO!

Nehemías comienza con esto:

> *Oh Señor, Dios del cielo, Dios grande y temible que cumples tu pacto de amor inagotable con los que te aman y obedecen tus mandatos, ¡escucha mi oración! Mírame y verás que oro día y noche por tu pueblo Israel. Confieso que hemos pecado contra ti. ¡Es cierto, incluso mi propia familia y yo hemos pecado! Hemos pecado terriblemente al no haber obedecido los mandatos, los decretos y las ordenanzas que nos diste por medio de tu siervo Moisés.*[1]

Este es un principio enorme para el éxito. Nehemías comienza reconociendo que su pueblo, su nación, había hecho las cosas mal. Después acepta los problemas, y admite que él y su familia también han actuado mal. No está señalando a nadie ni poniendo excusas. Se responsabiliza personalmente y se disculpa. Esta es la fuerza de un hombre maduro.

En estas frases vemos el primer destello del carácter de Nehemías, y descubrimos su fortaleza como un hombre genuino. Mi padre lo decía así: La madurez no viene con la edad, viene con la aceptación de la responsabilidad.

Tras admitir la responsabilidad, Nehemías le pide a Dios que les perdone a él y a su nación. Él no juguetea con los problemas, sino que hace frente a la realidad. Este es un hombre con agallas, con carácter, que no busca poner excusas ni culpar a otro. Esta es la verdadera hombría.

"Está claro, hemos actuado mal. Me responsabilizo, y ahora me arrepiento".

El arrepentimiento es siempre el primer paso hacia la renovación. Del arrepentimiento viene la reconciliación, después la restauración, y luego la renovación. La oración de arrepentimiento produce una reconciliación con Dios que restaura nuestro diseño original e imputa renovación en nuestro corazón. Es el camino para reformular nuestra historia: la renovación de nuestro pensamiento.

Sin arrepentimiento, no hay renovación.

2. ¡LA PALABRA!

La intensa oración de Nehemías continúa:

> *Recuerda, te suplico, lo que le dijiste a tu siervo Moisés: "Si ustedes pecan, yo los dispersaré entre las naciones: pero, si se vuelven a mí, y obedecen y ponen en práctica mis mandamientos, aunque hayan sido llevados al lugar más apartado del mundo los recogeré y los haré volver al lugar donde he decidido habitar".*[2]

Nehemías hace lo que los grandes líderes desde David habían aprendido a hacer: orar la Palabra de Dios. Lo que toca, cambia y transforma nuestro corazón no es una gran charla o una música asombrosa. Lo que produce el mayor cambio en una persona es la Palabra de Dios. La Palabra puede hacer más en el corazón del hombre que el mayor de los sermones.

CUANDO TUS PENSAMIENTOS CAMBIAN, CAMBIA TAMBIÉN TU FUTURO.

La Biblia no es tan solo un manual para el diario vivir, una guía de sabiduría o una serie de ensayos sobre "Cómo vivir". La Biblia es la manifestación más alta de Dios mismo sobre la faz de la tierra. Todo fluye de la presencia de Dios.

Nehemías cita la Palabra de Dios. No porque Dios se pudiera haber olvidado, sino para decir en voz alta lo que Dios ha prometido, lo que tiene que oír para recordarse a sí mismo la bondad de Dios. Oír la Palabra eleva el corazón de Nehemías y le lleva a un lugar de osadía. La Palabra siempre agranda el corazón de un hombre; estar "sin Palabra" siempre lo encoge.

La Palabra es la sustancia transformadora que cambia tu pensamiento. Cuando tus pensamientos cambian, cambia también tu futuro.

3. ¡PEDIR!

Después, Nehemías ora así:

> *"Ellos son tus siervos y tu pueblo al cual redimiste con gran despliegue de fuerza y poder. Señor, te suplico que escuches nuestra oración, pues somos tus siervos y nos complacemos en honrar tu nombre. Y te pido que a este siervo tuyo le concedas tener éxito y ganarse el favor del rey".*[3]

La lección es: *acercarse osadamente.*

Cuando era un niño, no pensaba en las implicaciones de pedirle a mi padre una bicicleta o un bate de béisbol. Tan solo pedía. Quizá era algo osado, pero yo no lo sabía. Era lo que yo quería, y él era mi padre. Era algo natural, consecuencia de una relación.

La osadía brota de la intimidad. La osadía de Nehemías no era la insolencia de un fanfarrón o la presunción de un necio. Era la petición que proviene de la cercanía. Nehemías ya sabía dónde se apoyaba Dios porque estaba en su Palabra. Así que se puso a sí mismo y a su oración, en alineación con la Palabra de Dios.

La oración de un hombre maduro. Un hombre que está dispuesto a pagar el precio, soportar el dolor, encontrar la estrategia, para ver su sueño hecho realidad.

Al terminar su oración, Nehemías hizo dos peticiones muy específicas:

Éxito y favor

Con demasiada frecuencia, nuestras pequeñas oraciones miopes y cortas de vista se centran en "lo que tú quieras, Dios". Pero Jesús nos dijo que hiciéramos oraciones osadas. Orar como si algo dependiera de ello. Porque así es.

Santiago, el medio hermano de Jesús, escribió: "No tienen lo que realmente desean, porque no lo piden".[4] No tenemos que actuar con santidad para que Dios vea lo buenos que somos, con la esperanza de que quizá así nos dé algo. A Él no le podemos impresionar. A Él no le podemos manipular. Él está por encima de todo eso.

Demasiadas veces no pedimos éxito porque suena arrogante o, al menos, no muy humilde. En las iglesias a las que asistí de pequeño, a menudo mirábamos a las personas con mucho éxito con un poco de aprensión, como si quizá hubieran sido transigentes para llegar hasta ahí. Eso estaba basado en un punto de vista fallido y estrecho que, hasta la fecha, sigue contaminando los sueños de los hombres.

Lo que permites que te defina determinará tu destino. Demasiadas veces aceptamos las vacías definiciones de las filosofías de los hombres porque parecen ser santas. O nos vamos al otro extremo y demandamos de forma arrogante "derechos", usando las definiciones de una cultura pagana y egoísta. Ambas cosas son erróneas.

Nehemías oró pidiendo *favor*. El favor es cuando Dios se inclina hacia tus sueños. El favor es una profunda aprobación, recibir preferencia por encima de otros. Favor es que nos pongan en alta estima debido a una relación, no a una ejecución.

Pablo escribió: "Dios nos ha dado gratuitamente todas las bendiciones espirituales... *ha puesto su favor sobre nosotros*".[5] Otra traducción dice que hemos sido "*aceptos*".[6] Eso es favor: ser aceptados por Dios al margen de dónde hayamos estado, lo que hayamos hecho, lo que nos haya ocurrido, *y recibir todas las bendiciones* por ello. Pablo nos está diciendo a ti y a mí: de nuestras meteduras de pata, Dios escribe una nueva historia.

Moisés era un niño judío seleccionado para morir, pero su mamá elaboró un plan que hizo que la hija del faraón lo adoptara. Después el faraón, el mismo que había decretado la muerte de todos los niños judíos, aceptó a este niño judío en el palacio. Moisés fue aceptado, ahora tenía incluso más: era un hijo. ¡Favor!

María, la madre de Jesús, fue saludada por los ángeles con las palabras: "¡Salve, muy favorecida! El Señor es contigo; bendita tú entre las mujeres".[7] ¡Caramba!, muy favorecida... porque el Señor está contigo. ¡Favor!

Mira estos hombres en la Biblia. ¡Tenían *favor*!

- Dios le dijo a **Gedeón**: *"El Señor está contigo"*.[8]
- **José** tuvo el favor de su padre.[9]
- Dios les dijo a **Moisés y Abraham**: *"Yo estaré contigo"*.[10]
- Jesús les dijo a sus discípulos: *"Yo estaré con ustedes mientras hacen esto, día tras día, hasta el final de los tiempos"*.[11]

Ellos tuvieron favor, pero estos hombres también tuvieron que profundizar y luchar. El primer nivel de la guerra espiritual es la oración. La oración activa los ejércitos del cielo.

La oración de Nehemías no fue la de un simple esclavo. Fue la oración de un hombre que confiaba en Dios. Atravesó lo periférico, le dio enfoque a su vida, clarificó su propósito y puso en acción cosas que alterarían la historia del mundo. Su oración atrapó y abrazó su identidad.

La oración es la herramienta más importante para dar vida a la historia que deseas. Hay un movimiento importante que debes hacer ahora... comienza a profundizar. Se llama *oración*.

Tan solo tienes que *pedir*.

4

TENACIDAD

Nick Vujicic nació con una extraña malformación, ya que no tiene ni brazos ni piernas. Para muchos hombres, esto sería el final. Ni sueños, ni futuro. Pero Nick es un hombre con una fe tenaz. A pesar de sufrir acoso, y batallar mentalmente y físicamente, no se rindió.

En la actualidad, Nick es padre y esposo, y un orador motivacional y escritor muy reconocido. Escribe sobre la vida, el amor y la aceptación de uno mismo. Escribe sobre la familia, la productividad y el trabajo. Escribe sobre el poder de la fe y de mantenerse fuerte.

Nick dice: "Sigue avanzando porque la acción crea impulso, el cual a su vez crea oportunidades inesperadas".[1] Nick tuvo que construir su vida día a día, capa a capa, derrota y éxito, gozo y dolor, ladrillo sobre ladrillo, hasta que consiguió sus sueños. No hay un camino fácil.

Nehemías siguió yendo a trabajar cada día, pero con el tiempo, el rey observó un gran cambio en su estado de ánimo. Finalmente, el poderoso Artajerjes preguntó a Nehemías qué era lo que le distraía, lo que le preocupaba tanto. Le preguntó al copero por su historia. En ese momento, el temor se apoderó de Nehemías. Se vio ante la decisión que experimentan los hombres en todas partes. ¿Se sumergiría más y soportaría el dolor? ¿Se lo contaría al rey y se arriesgaría a que lo arrestaran, se mofaran, lo flagelaran y degradaran? ¿Soportaría la incomodidad temporal para conseguir su sueño? Todos tendemos a evitar el riesgo, es parte de nuestra naturaleza, y lo era también de la de Nehemías.

Nehemías es un esclavo persa. Es un don nadie. Está corriendo un gran riesgo si actúa. Nehemías puede hablar, o puede retraerse y racionalizar la necesidad de tener valor. Racionalizar es fácil:

"He orado, y Dios puede hacer que esto ocurra sin que yo tenga que decir nada".

"Al rey no le va a interesar nada un pueblo conquistado de muy lejos".

"He tenido la fortuna de conseguir este buen trabajo y el favor del rey. No quiero arriesgarlo".

Nehemías podía dar un paso atrás y ver lo que ocurría con su querida ciudad, su patria, y todos sus amigos y familiares. O podía levantarse y ser fuerte al abrir su boca para contarle al rey lo que le sucedía.

El presidente Teddy Roosevelt lo dijo de esta forma: "Es mucho mejor atreverse a hacer cosas poderosas, ganar triunfos gloriosos, incluso con altibajos por el fracaso, que ponerse del lado de esos pobres espíritus que ni disfrutan mucho ni sufren mucho, porque viven en la gris penumbra que no conoce ni la victoria ni la derrota".[2]

LA FE SE LEVANTA Y TRABAJA. Y LA PERSEVERANCIA NUNCA SE RINDE.

La fe en Dios es el fundamento para una vida de éxito. La fe da poder a nuestros sueños. Después tenemos que ir a trabajar. Santiago escribió: *"la fe sin obras está muerta"*.[3]

El universo no está engalanado para trabajar en tu favor. El mundo siempre conspirará con tu enemigo, el diablo, para destruirte. *La*

SI NUNCA TE HAN CRITICADO, TUS SUEÑOS SON DEMASIADO PEQUEÑOS.

victoria siempre está al otro lado de la lucha. La fe se levanta y trabaja. Y la perseverancia nunca se rinde.

Si estás avanzando, aparecerán obstáculos. Si quieres una vida sin obstáculos o sin lucha… mantente en silencio en la sombra… pero aun así te encontrarán. Si nunca te han criticado, tus sueños son demasiado pequeños.

Una bofetada en la cara detendrá a la mayoría de los hombres, pero viene con la persecución del sueño. Mi amigo Big Tommy Sirotnak solía decir: "Si estás en una carretera que no tiene obstáculos, ¡estás en la carretera equivocada!". La tenacidad le dará poder al hombre para resistir los golpes y las críticas.

Sin saber exactamente qué hacer, Nehemías hizo lo que sabía hacer. Se levantó y fue a trabajar cada día. Día tras día, trabajó. Noche tras noche, oró. La mayoría de los hombres no pagan el precio por sus sueños. Nehemías no era como la mayoría de los hombres, sino que tenazmente continuó.

Pablo escribió: "Lo que realmente quieres no lo consigues, porque te falta perseverancia".[4]

Tenacidad, osadía, perseverancia, sudor; nada sucede sin eso.

Puedes tener visiones y sueños, pero sin las agallas de la perseverancia para sostenerte, nunca sucederá. He tenido reuniones de desayunos con muchos jóvenes que quieren empezar algo, un negocio, una iglesia, una carrera musical, un programa educativo. Cuando hablo sobre el lanzamiento y les digo que incluirá semanas de trabajo de siete días y días de catorce horas, su entusiasmo disminuye.

Algunos hombres no están orando por *milagros*, están esperando que suceda algo *mágico*. Dios es un Dios que obra milagros, no un mago. Tú haces tu parte, y Él hace la suya. Nada grande ocurre sin trabajo. Nada grande ocurre sin un espíritu tenaz. Nada grande sucede sin el precio del dolor acompañándolo. Y el precio del dolor puede venir a menudo cuando confiamos en Dios en medio de nuestros temores humanos, dudas y decepciones.

Piensa profundamente. Ora fuertemente. Actúa agresivamente. Nunca te rindas.

El General George S. Patton dijo: "Un buen plan violentamente ejecutado ahora es mejor que un plan perfecto ejecutado la semana que viene".[5]

Llego a Main Street Café temprano, y remuevo un poco de azúcar en una taza de café italiano. Marcos viene y enseguida estamos en el meollo del colapso de su negocio. Nada sale bien. Sabe lo que es el éxito, ha formado empresas antes, pero esta vez todo es distinto. Todo lo que posee está en riesgo. Un revés más, y treinta años de sudor y esfuerzo se irán al traste… y sin mencionar su casa, los automóviles, los muebles, puede que todo. Es un proceso precario.

Hablamos un rato, después salimos y nos sentamos en su automóvil para orar. El terremoto de Pablo y Silas no aparece, no hay relámpagos, tan solo un momento de oración juntos al "estilo Nehemías" para enfrentar un obstáculo gigantesco. Tras haber unido nuestros corazones en oración, le pregunto: "¿Y ahora qué?".

Él dice: "Me voy a la oficina para hacer lo que sé hacer. Estoy esperando que Dios intervenga… de algún modo. Tengo paz. Gracias".

Se va, y al día siguiente me escribe por el teléfono. Tras orar juntos, las cosas empeoraron. Al día siguiente, peor aún. A la semana siguiente, una ligera mejoría. Al menos no había malas noticias. Al reunirnos durante los siguientes meses, parecía que poco a poco había cada vez más luz, algunas pequeñas victorias. Con el paso de los meses, después los años, las pequeñas victorias se convierten en grandes victorias. La última vez que vi a Marcos, su empresa era mayor de lo que él jamás había soñado.

¿Qué hizo? No se rindió, fue tenaz. Escuchó a consejeros de confianza. Oró con su esposa. Admitió su necesidad y oró con buenos amigos. Marcos confió en Dios con todo lo que tenía, después se puso a trabajar. En otras palabras, hizo lo que hace un hombre.

> **"Nada en este mundo puede ocupar el lugar de la persistencia. El talento no lo hará; es muy común ver hombres sin éxito, pero con un gran talento. La genialidad no lo hará; la genialidad no recompensada es casi un proverbio. La educación no lo hará; el mundo está lleno de negligentes educados. Solo la persistencia y la determinación son omnipotentes."**
>
> —*Calvin Coolidge*[6]

Es temprano y ya hace calor. Agosto en Texas. Estoy en el Starbucks de la Autopista 26 y la calle Glade. Brent aparece mientras yo me acomodo para tomar un café grande y cargado con vainilla. Él ha quedado conmigo para tomar un "café", pero entra cargando una taza enorme de refresco que chorrea por la condensación. Me explica que nunca adoptó el hábito del café debido a su entrenamiento atlético. Pero admite que se aficionó a otras bebidas.

Siendo un destacado atleta de la secundaria y becado, Brent obtuvo una beca en una prestigiosa universidad. Tras un año, su estilo de vida de beber y descontrol hizo que la universidad desocupara su plaza. Llegó a casa devastado, avergonzado. Estuvo buscando hasta que encontró un trabajo como guardia de seguridad en un bar. Al regresar de nuevo a su fe, dejó de beber, sentó cabeza y comenzó una empresa de construcción de vallas de día, mientras trabajaba en el bar de noche. Después conoció a una bella jovencita llamada Danielle.

Hoy, hablamos sobre los equipos jóvenes de fútbol a los que disfruta entrenando este verano. Los entrenadores de las escuelas secundarias locales le conocen, y se corre el rumor de que algunos están hablando de los resultados que está consiguiendo con los jóvenes atletas. El fútbol es su pasión, y entrenar a jóvenes es lo más reconfortante que ha hecho nunca.

Le cuento a Brent de la época en la que mi amigo Steve y yo entrenábamos a nuestros hijos en un equipo de béisbol. Nos divertíamos. Fue un gran año. Al recordarlo, pienso: *Una de las mejores cosas que un joven podría tener en la vida es un entrenador como Brent, un gran atleta que ha cometido errores, pero que al superarlos se ha convertido en un verdadero hombre.*

Brent no es feliz. Está frustrado. "Las cosas finalmente se están arreglando", le digo. "¿Qué te hace sentirte tan infeliz al respecto?". Yo ya sé la respuesta: no está viviendo a la máxima capacidad de su vida. Pero tiene que expresarlo.

"Pues que me quiero casar con Danielle, pero primero necesito un buen trabajo. Para conseguir un trabajo como entrenador, necesito un certificado estatal. Como cometí un error, ahora necesito otros veintiocho créditos en la universidad para que me den el título, a fin de poder hacer el examen para la certificación".

"¿Cuánto tiempo te llevará?".

"Bueno, estoy haciendo tres créditos este semestre y haré tres el siguiente semestre... así que, realmente, en unos cinco o seis años, lo tendré".

Puedo ver que eso suena como que es toda una vida para un joven vibrante de veintitrés años. A mí también me sonaría como toda una vida.

Le cuento sobre un viejo amigo mío llamado Dave. Hace años, un grupo de amigos estábamos en nuestra casa en la bahía este de San Francisco donde Judi y yo vivíamos cuando nos casamos. Estábamos hablando sobre los sueños y los profundos deseos cuando surgió el tema de que Dave quería ser médico. Todos los que estábamos sentados en el salón comenzamos a animarle para que lo hiciera. Pero Dave se lamentó: "Si regreso a la universidad para ser doctor, me tomará diez años. ¡Tendré treinta y seis cuando termine!".

En ese momento, nuestro viejo amigo Steve gritó desde la cocina: "De acuerdo, ¿y cuántos años tendrás dentro de diez años si *no* vas a la escuela y te haces doctor?".

Hubo una pausa estupefacta, y después todos comenzaron a reírse. Al final, Dave volvió a la universidad, y hoy trabaja como médico de urgencias y misionero médico.

Cuando termino de contar la historia, Brent dice: "Vale, lo entiendo. Pero ¿cómo se aplica eso?". Ahora es el momento de pivotar. Si hay un riesgo que él pudiera asumir, un trabajo que él pudiera hacer, para vivir a su nivel más alto, ¿lo haría?

"Ser estudiante a tiempo completo, ¿no te permite sacar catorce créditos por semestre?", le digo.

"Eso es lo máximo, pero sí".

"Entonces, si te metes a estudiar a tiempo completo, ¿cuánto tiempo tardarías en terminar los veintiocho créditos?".

"Dos semestres. Un año académico".

"Entonces, si empezaras el mes que viene con catorce unidades en vez de tres, te graduarías en mayo, dentro de nueve meses, ¿cierto?".

"Cierto".

"Entonces podrías hacer el examen el verano que viene y por este tiempo el año que viene, podrías ser entrenador de fútbol en la escuela secundaria, ¿correcto?".

Silencio. Pensando. Finalmente Brent dice: "Tendría que volver a vivir con mis padres. Mi padre ya me ofreció pagar los estudios si lo hacía. Tendría que estudiar por la mañana, después construir vallas el resto del día y hacer mis deberes por la noche. Probablemente solo vería a Danielle los sábados por la noche y parte del domingo. Después regresaría a estudiar el domingo por la noche, llegaría el lunes por la mañana y repetiría el ciclo. Todas las semanas".

Una pausa. "Caramba, eso sería muy duro. ¡Brutal!".

Entonces pregunto: "*¿Qué cantidad de esfuerzo estarías dispuesto a soportar si supieras que al final, tendrás una carrera y un matrimonio con la chica de tus sueños?*".

Silencio.

Le digo: "Brent, en serio, eres un atleta de campeonato. ¿Qué podría detenerte si supieras que lo que realmente deseas está a solo nueve meses de soportar un ritmo fuerte?".

Él sonríe, lo entiende. Brent agarra su taza gigante y dice: "¡Sabes, tengo que llamar a mi padre! Paul, gracias. Sería un estúpido si no lo hiciera".

"Oye, tan solo un minuto", le digo. Le recuerdo a Nehemías y la oración. Le pregunto si está listo para orar, aceptar la responsabilidad por lo que ha hecho mal, y pedirle a Dios que reconstruya los muros de su vida. Él no lo dudó.

Oramos allí mismo en la mesa. Mientras se levanta para irse, se limpia los ojos, endereza los hombros, y dice: "Bien, allá vamos. Espero que Dios bendiga esto, porque me voy a matar trabajando".

Me quedo allí sentado cuando él se va, preguntándome qué saldrá de todo esto. Muchos hombres me dicen que quieren terminar la escuela, o estudiar la Biblia, o conseguir un ascenso, o cambiar de profesión, o que sus esposas les amen, pero a la vez pocos están dispuestos a invertir más tiempo, o a abandonar su barco, o a cancelar su suscripción de Netflix, o a no comprarse el alza para su camioneta. Cosas necias, pero les impiden conseguir sus sueños. Quieren avanzar sin esfuerzo sufriendo lo menos posible, mientras lo único que hacen durante todo el tiempo es prolongar su dolor.

Nueve meses después de reunirme con Brent, mi esposa Judi y yo tuvimos el privilegio de asistir a su fiesta de su graduación. Y dos semanas después de su graduación, fuimos a su boda con Danielle. Brent admite que quería dejarlo cada semana, y a veces cada día. Pero seguía pensando en el premio, y merecía la pena pagar el precio. Actualmente, es el entrenador de uno de las mejores escuelas secundarias de la nación.

Mientras leía el borrador final de este libro, me llegó un mensaje. Brent. Podía hacer que este libro pareciera de ficción, porque el texto decía que acababan de nombrarle Profesor del Año.

El mensaje decía: "Eres increíble, y te debo mucho a ti y a la conversación que tuvimos en Starbucks, si no recuerdo mal, donde me dijiste: '¿En cuánto tiempo podrías terminar los estudios si tuvieras que hacerlo sin más remedio, y qué harías?'. ¡Esa charla cambió mi vida! Gracias".

Brent lo consiguió, y tú también puedes. No te rindas. Paga el precio, resiste el dolor. Deja que la tenacidad te defina. Las definiciones dirigen las decisiones.

5
OPORTUNIDAD

Tu sueño tiene un precio. Te costará sudor, esfuerzo, tiempo y disciplina. El entrenador Paul "Bear" Bryant dijo: "No es la voluntad de ganar lo que importa, eso lo tiene todo el mundo. Lo que importa es la voluntad de prepararse para ganar".

Mi papá decía: "Los sueños son la esencia de todo gran logro". Muchos hombres tienen sueños, pero muy pocos realmente hacen algo al respecto. Tus sueños no te encontrarán. No sucederán solos. Tienes que establecer una meta real y específica. Tienes que encenderte. Debe ser algo que te empuje, que te levante y te dé energía en la mañana. Algo que te haga cobrar vida. Un sueño sin una fecha es tan solo una fantasía.

Muchas veces me veo queriendo el sueño, pero sin el dolor. El difunto y gran boxeador tantas veces citado Mohamed Alí dijo: "El combate se gana o se pierde lejos de las miradas: entre bastidores, en el gimnasio y en la carretera, mucho antes de que me ponga a bailar bajo los focos".

La mayoría de los hombres no aprovechan la oportunidad porque no pagan el precio y el dolor de la preparación. Las personas a menudo citan al famoso jugador y entrenador John Wooden, quien dijo: "Fallar en prepararse es prepararse para fallar". Mi amigo Robert Barriger lo dice de esta forma: "La preparación es prueba de que esperas que ocurra algo".

La mayoría de las personas buscan la oportunidad, pero no se *preparan* para estar listos cuando llegue la oportunidad. La oportunidad nos llega a todos. La mayoría de los fracasos no son por falta de oportunidades; los fracasos se producen porque la oportunidad tiende a sorprendernos cuando no estamos preparados.

—

Mi amigo Wes era un joven vendedor de alfombras. Hacía horas extra para ahorrar dinero para pagar el pronto pago de una segunda casa. Confiaba en Dios, sabiendo que si él honraba al Señor siendo generoso, Dios le daría sabiduría con sus finanzas.

Wes tardó dos años en ahorrar su pronto pago. Compró la casa y la alquiló. Después trabajó más horas, se compró otra casa y la alquiló. Lo hizo dos veces más. Pensó que su trabajo eran las alfombras, hasta que un día se despertó y se dio cuenta de que estaba en el negocio de los bienes raíces. Le sorprendió la oportunidad, pero se había preparado antes.

Tras muchos años de aprender el negocio de alquiler, tomó el dinero de la revalorización de todas sus casas y compró un complejo de apartamentos. Después compró otro. Después construyó edificios comerciales. En la actualidad, patrocina proyectos de misiones por todo el mundo mediante la exitosa empresa que ha construido. Ha creado un legado de fe y patrocinio que su familia gestionará durante generaciones.

Tener fe en Dios no es creer en la magia. Fe es confiar en que Dios nos da la sabiduría para tomar las decisiones correctas en cada área de nuestra vida. Fe no es una muleta, sino un fundamento. Confiar en Dios te hace fiel en lo que Él te ha confiado.

Nehemías estaba roto, aplastado en su corazón. Pero en su quebranto, Dios le dio un sueño. Nehemías se imaginó *a sí mismo* como el que reconstruiría la ciudad de Jerusalén. Sonaba a locura, pero oró al respecto. Su oración produjo su pasión. *La pasión encuentra el camino.*

Tras soñar, Nehemías pasó a la preparación. No dice abiertamente que trazó un plan, pero podemos ver por su discurso que cuando finalmente tuvo la oportunidad, ya tenía un plan.

Algo se había asentado en lo más hondo del corazón de Nehemías. Comenzó a mirar la reconstrucción de Jerusalén como parte de su *destino*. Comenzó a soñar con cómo se podía hacer, o qué tenía que suceder, cuáles herramientas y recursos serían necesarios.

Nehemías estaba consumido cada minuto que pasaba despierto. Comenzó a afectar su aspecto. Finalmente, el rey le preguntó: "¡Oye, copero! ¿Qué te pasa? Sueles ser una persona alegre. ¿Por qué estás tan cabizbajo?".[1]

Nehemías sabía que hablar directamente con el rey podría costarle la vida. Una palabra errónea, y sería historia. Los reyes de ese tiempo vivían como dioses. Las personas a menudo pensaban que *eran* dioses: deidades que había que seguir y obedecer. El rey tenía el poder legal de la vida y la muerte. Por eso, las personas no querían ver al rey en un mal día. Podría significar su muerte.

Pero alguien le había preguntado por su pasión. Aquí estaba la oportunidad. El temor se apoderó de Nehemías, pero vio la oportunidad y... bum. La pasión de su corazón, la preparación que había hecho, los planes que había concebido, todo salió como un río que ruge.

Nehemías estaba listo para la oportunidad. La oportunidad correcta revelará tu verdadera identidad. Solo el hombre que está preparado la aprovecha.

Nehemías dijo: "La ciudad de mis padres está destruida. Jerusalén fue en tiempos la capital de una gran nación, la ciudad que edificó el rey David. He estado consternado y desconsolado. Hay que hacer algo para reparar las murallas y reconstruir la ciudad".[2]

El valor es el resultado del destino abrazado. En algún momento en medio del ayuno y la oración, Nehemías había decidido en su corazón: "Es el tiempo de que alguien hable. Si soy yo, lo haré".

La oración y el ayuno producen osadía y valor.

El rey le dijo a Nehemías: "¿Qué necesitas, y cómo te puedo ayudar?".

Nehemías respondió con un plan detallado.

Pero detente aquí mismo.

Nehemías era un esclavo, un copero. No era un constructor. No tenía dinero ni recursos reales, ni tampoco los tenían sus amigos esclavos. Nunca antes había hecho esto, y nunca había visto la ciudad que quería reconstruir. No pintaba bien.

Pero tenía un sueño y conocía a un rey.

Así que escribió un plan. Era esclavo y copero… *pero escribió un plan para reconstruir la ciudad de David,* la ciudad más importante jamás construida. No tan solo tuvo una esperanza, sino que se preparó.

Muy frecuentemente encogemos nuestros sueños para hacerlos del tamaño de nuestros recursos. Limitamos nuestros sueños para que encajen en quien pensamos que somos, cuando la mayor parte de nuestra identidad ha estado basada en lo que otras personas han dicho de nosotros. Una locura, pero la mayoría lo hacemos.

MUY FRECUENTEMENTE ENCOGEMOS NUESTROS SUEÑOS PARA HACERLOS DEL TAMAÑO DE NUESTROS RECURSOS.

¿Cómo encuentras tu verdadera identidad? Perdiéndote en la amistad con Cristo el Rey. Sabiendo que Dios tiene un propósito para tu vida, y encontrándolo de rodillas y en su Palabra. Haciendo lo que Él dice que hagamos.

Podemos confiar en que Dios empareja sus recursos con los sueños que nos ha dado.

Nehemías quizá había oído o leído la historia de David y Goliat, la historia de Gedeón y su vellón. Quizá había hecho las oraciones de Abraham y Moisés. Esto aumentó las dimensiones y la capacidad de su corazón.

Era un copero con sus manos, pero eso no era quien realmente se estaba convirtiendo en su corazón. Se estaba convirtiendo en el "Restaurador de los muros", el "Rescatador de su familia", y el "Líder de una nación". Su corazón había cobrado vida dentro de la atmósfera de la fe.

Quién eres y dónde estás hoy no es quien serás mañana. Si tienes un sueño, y estás dispuesto a trabajar en él y vivir hacia él, establece metas, haz planes y prepárate, tu sueño cambiará quien eres. El tamaño de tu sueño determina las dimensiones de tu corazón.

EL TAMAÑO DE TU SUEÑO DETERMINA LAS DIMENSIONES DE TU CORAZÓN.

¿Estás entendiendo esto? Nehemías era un copero, un esclavo, ¡pero tenía un plan!

Un mentor de negocios una vez me enseñó esta sencilla frase: "Planifica el trabajo y trabaja el plan". Cuando tenemos un sueño sin un plan, vivimos con tensión porque estamos en desacuerdo con nosotros mismos. Sabemos que deberíamos vivir una vida mayor, pero nos vemos a la luz de quienes somos ahora, en este mismo instante, y no sentimos que tengamos lo necesario para actuar según el sueño y hacer que se cumpla. Nos atrofia nuestra propia falta de autoestima y las palabras negativas de otros. Es un problema de identidad.

Nehemías creó un plan detallado para reconstruir una capital nacional a miles de kilómetros en un lugar donde nunca había estado, con la esperanza de restaurar el espíritu de toda una nación.

Las personas que Nehemías conocía, esclavos, familiares, colegas del trabajo, no creían que pudiera conseguirlo, que pudiera convertir su sueño en realidad. ¿Cómo *podrían* creerlo? Él escuchó la negatividad de sus amigos y vivió con las charlas negativas en su propia mente. Pero su fe en Dios triunfó sobre su entorno y sus circunstancias.

El rey dijo: "¿Qué necesitas?". Nehemías venció sus temores y le contó el plan al rey.

¿La respuesta del rey? "De acuerdo, hagámoslo". Nehemías había encendido algo en el rey. Era un gran problema, un gran desafío, un gran sueño, y el rey estuvo a la altura. El fundador de Cruzada Estudiantil, Bill Bright, solía decir: "Los sueños pequeños no encienden los corazones de grandes personas". Este era un gran sueño, y el rey quería participar.

"Te apoyo. Te enviaré dinero, cartas de respaldo, peticiones de materiales y un ejército", dijo el rey. Después añadió algo: "Nehemías, confío en ti, pero me perteneces. Eres mi esclavo, así que confío en que volverás".

Nehemías dijo, en esencia: "Volveré". Al ponerse en marcha hacia su sueño, Nehemías seguía siendo un esclavo. Pero ya no era su identidad. En la quietud de sus aposentos de esclavo, ya había superado sus circunstancias, antes incluso de haber comenzado a vivir su plan.

Mi amigo Bit Tommy Sirotnak era una persona inesperada que uno no pensaría que cambiaría el mundo para miles de personas. Un enérgico predicador en el cuerpo de un jugador de fútbol americano, le decía a todo el mundo que había conocido a Jesús, citando las Escrituras y haciendo bromas como: "Si no has tenido una colisión frontal con el diablo, quizá le estés siguiendo". Su cita favorita era de mi papá: "Cuando dejas que otras personas creen tu mundo, siempre lo crearán demasiado pequeño".

Tommy creció siendo un tipo descomunal, enérgico, un muchacho del barrio, hasta que tuvo una colisión con Jesucristo. Le aceptaron en la Universidad de Southern California el año después de que su equipo de fútbol americano ganara el campeonato nacional. Un día, Tommy decidió entrar en la oficina del famoso entrenador John

Robinson y pedirle si podía jugar. El ayudante del entrenador, Marv Goux, casi le echó en persona. Pero Tommy siguió intentándolo y su persistencia tuvo su fruto.

Y en el primer entrenamiento al que Tommy asistió, al saltar al campo solo podía pensar en las cosas negativas que las personas le habían dicho. "¡No metas la pata!". "¡Nunca lo conseguirás!". "¡Nadie ha entrado en el equipo de USC en veinticinco años!".

El primer ejercicio que le dieron a Tommy fue un uno contra uno frente a Keith Van Horne, un tipo de dos metros de altura y 136 kilos, que ganaría el Super Bowl XX jugando para los Chicago Bears. El tipo en la defensa que Tommy estaba intentando derribar era el futuro legendario Marcus Allen, que después ganaría el trofeo Heisman y un par de Super Bowls, uno de ellas como el jugador más valioso.

Ese primer ejercicio casi acabó con Tommy. Ensangrentado y amoratado, con la nariz rota, Tommy salió del campo mareado. El entrenador Goux puso una sonrisita, pero Tommy respondió: "Entrenador, usted tendrá que matarme o sacarme a patadas de este equipo, porque yo no pienso rendirme".

Después de treinta visitas a la oficina del entrenador, y unas cuantas roturas de nariz más, Tommy finalmente entró en el equipo como un extra. Después fue nombrado capitán defensor junto a Ronnie Lott, el futuro legendario y ganador de cuatro Super Bowls. Big Tommy no consiguió una carrera profesional en el fútbol, pero había aprendido la lección. No podía dejar que otros le dieran forma a su mundo.

Y Tommy nunca lo hizo. Se convirtió en un inesperado evangelista, viajando por el mundo, dirigiendo a Cristo a vagabundos, así como a políticos, deportistas profesionales, y más. Su entusiasmo y convincente personalidad atraían a miles de personas a Cristo. Todo comenzó cuando él venció su crisis de identidad, aprovechó una oportunidad, con lo remota que era, e insistió en hacer el duro trabajo de lograr sus sueños.

Mi corazón se partió hace dos semanas cuando recibí una llamada contándome la repentina partida de Tommy a Aquel del que tanto había estado hablando todos estos años. Pero los efectos de su vida han tocado el mundo. El funeral se llenó de niños del vecindario, políticos, deportistas profesionales, hermanos de la hermandad, y amigos de todo el mundo. Se contaron muchas historias de personas que conocieron a Jesús por este loco evangelista jugador de fútbol. Cuando Tommy encontró su identidad en Cristo, su mundo aumentó y se fue a casa como un campeón.

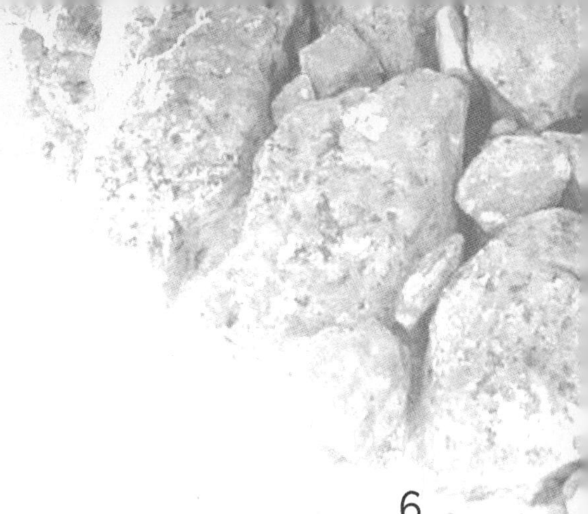

6
GENEROSIDAD

Las majestuosas montañas de Sierra Nevada que rodean el lago Tahoe son un lugar especial para mí, desde que mis padres llevaron a nuestra familia allí cuando yo era un niño, hasta la primera vez que esquié siendo adolescente, hasta los paseos con mis propios hijos. Es un lugar que eleva el espíritu y ensancha el alma.

En un día soleado y nítido, Wes y yo estábamos comiendo cerca de su cabaña a las afueras de Truckee en las montañas que rodean Tahoe. Hablamos sobre la vida, las victorias y las pérdidas, las oportunidades y dificultades, y la bondad de Dios.

Wes habló de ayudar a huérfanos y dar económicamente para enviar el evangelio por el mundo. Años antes, habíamos aprendido que dar es la evidencia externa del amor. Dar es el testimonio de generosidad. *"Porque de tal manera amó Dios al mundo, que ha dado…".*[1]

La conversación me recordó algo que el Señor había ministrado en mi corazón hacía pocas semanas. El profeta Eliseo del Antiguo Testamento tenía un grupo de profetas en preparación de los que era mentor. Uno de su equipo murió, dejando una viuda y dos hijos. El nombre del difunto no se nos da en el relato bíblico. Era solo uno del grupo.

Un día, la viuda de este hombre acudió a Eliseo con un gran problema.[2] Sus acreedores venían a ejecutar su hogar y, en cuestión de días, a llevarse también a sus hijos para que trabajasen duro a fin de cobrarse las deudas. Podían pasar años trabajando como esclavos. Ella estaba angustiada.

Dijo: "Vienen pronto para llevarse a mis hijos y ejecutar mi casa. ¿Qué puedo hacer?".

Eliseo dijo algo curioso. "¿Qué tienes en tu casa?", le preguntó. Eliseo sabía que Dios podía tomar lo que ella tuviera en sus manos y convertirlo en parte de una solución que ella aún no había visto.

Ella respondió: "Nada... salvo una vasija de aceite". Siempre hay un *algo*. Dios puede usar cualquier *algo* que tú tengas. Pensamos que no tenemos nada. Él toma el algo que pensamos que no es nada y produce vida.

Eliseo dijo: "Toma prestadas todas las vasijas que puedas, y después ve a tu casa y cierra la puerta. Vierte el aceite en las vasijas hasta que se llenen. Sigue vertiéndolo". El aceite de oliva era un bien valioso en ese tiempo. Esta era una estrategia financiera.

Ella hizo como él dijo. Su obediencia estaba a punto de bendecirla. Sus hijos recorrieron la aldea y trajeron vasijas de todas las personas que les prestaron. Después la viuda comenzó a verter aceite de la vasija y... no se terminaba. Jarra tras jarra se llenaba. Los chicos corrían de casa en casa y traían más jarras.

Después, de repente, ella miró a su alrededor. "¿Ya no hay más jarras?", dijo. "Deprisa, traigan más jarras. El aceite está fluyendo. Pagaremos todas las deudas ¡y nos quedará dinero para vivir durante años!".

Sus hijos respondieron: "Ya no hay más jarras que podamos tomar prestadas". Y el aceite dejó de fluir.

Esta era una aldea del Medio Oriente, alrededor del año 850 a.C. Las jarras era lo que todos usaban. Es como intentar encontrar bolsas de plástico en tu vecindario. La aldea está llena de jarras, pero las personas dejaron de darlas.

Cuando las personas dejaron de dar, el aceite dejó de fluir.

LOS HOMBRES GENEROSOS SON HOMBRES ESTABLES.

El aceite a menudo es un símbolo bíblico de la presencia de Dios. Cuando el aceite estaba fluyendo, era simbólico de la naturaleza generosa de Dios. David y otros fueron ungidos con aceite en tiempos clave para tareas específicas. Hoy día, a veces ungimos a personas con aceite para pedir que Dios libere su presencia en sus vidas o su situación. Es un gesto simbólico de una expresión muy real del amor y el corazón generoso de Dios.

El profeta Isaías dijo esto con respecto a la generosidad:

> *Las armas del tramposo son malas;*
> *trama intrigas inicuas*
> *para enredar a los simples con palabras mentirosas,*
> *y para hablar en juicio contra el pobre.*
> *Pero el generoso pensará generosidades,*
> *y por generosidades será exaltado.*[3]

La generosidad hace que un hombre sea de fiar. Aporta un fuerte cimiento. La generosidad es una manifestación externa de un carácter interno, uno que es humilde y desinteresado. Los hombres generosos son hombres estables.

Le conté a Wes mi impresión de la historia de Eliseo. Wes es un hombre generoso. Su generosidad ha forjado un fuerte cimiento para su vida, y para su familia. Nos compró algunos cafés para después de la comida. Vi su amabilidad con el joven camarero, y pensé en los hijos de la pobre viuda. Mientras miraba a Wes, me di cuenta de que ahí estaba un hombre que hubiera ayudado a aquellos muchachos a encontrar más jarras, porque eso es lo que hacen las personas generosas.

"*El generoso pensará generosidades*", dijo Isaías.[4] Los generosos mantienen el aceite fluyendo. Los generosos establecen un fuerte cimiento. El amor por otros se demuestra mediante una naturaleza generosa.

Forma un fuerte cimiento para tu vida. Sé un hombre generoso.

7

PALABRAS

Los domingos que no viajo, asisto a la iglesia de mi hijo Brandon. Uno de los líderes jóvenes que veo allí es un siervo tremendo y con gran influencia para Jesús. Jonás está en la banda o en el fondo de la iglesia, amando a las personas, sirviendo a las personas y creando una atmósfera de esperanza y sanidad. Es un vibrante seguidor de Jesucristo. Pero Jonás una vez se sentó en una cafetería y me dijo enfáticamente: "Solo estoy aquí porque tú dijiste que querías verme, pero quiero que sepas que *nunca* volveré a la iglesia".

Jonás estaba harto de las cosas religiosas, harto de que las personas le dijeran lo que tenía que hacer. Pero hizo una cosa: dejó de hablar lo suficiente como para escuchar. Después actuó. No solo habló, sino que hizo algo. Apareció. Después siguió apareciendo, y eso le ha hecho un hombre al que otros quieran emular.

Fue distinto para un amigo mío hace años. Recién salido de la escuela cinematográfica, fue a trabajar para un famoso actor que se hizo productor. Después decidió que podía hacer algo mejor, y dejó ese trabajo, después otro y otro, siempre buscando el gran éxito. Cuando nos reunimos, me habló de este proyecto o de otro, cosas que estaban a punto de ocurrir. Todo eran palabras. Usaba los nombres de personas famosas para disfrazar el hecho de que estaba aplastado y quemado. Por fuera parecía estar lleno, pero su corazón estaba vacío.

Muchas palabras.

"Hablar es barato", porque no le cuesta nada al que habla. Pero si le crees al que habla, te puede costar todo.

En el Nuevo Testamento, Santiago razonaba en su carta abierta a los cristianos que se puede hablar sobre la fe, puedes hablar acerca de ayudar a las personas, puedes hablar sobre vivir rectamente, pero hasta que no lo *hagas*, no es real. Si no está acompañado de acciones, es algo muerto.[1]

Mi papá me enseñó que "si no lo escribes y haces un plan, no existe".

Parafraseando al escritor empresarial y emprendedor Seth Godin: "Hasta que no envías algo, realmente no has creado nada". Para mí, eso significa que hasta que no terminas lo que estás haciendo y aprietas el botón de "Enviar", tan solo estás hablando.

Las palabras son creativas. Las palabras tienen poder. Las palabras pueden derribar a las personas. Las palabras pueden edificar a las personas. Los hombres han invertido dinero basados en las palabras de alguien, y después lo perdieron cuando esa persona no cumplió su palabra. Las mujeres han invertido sus corazones por la palabra de un hombre, y después se les rompió el corazón cuando él no cumplió su promesa.

Teníamos un amigo en Colorado que le dijo a su esposa durante años que iba a cambiar sus hábitos y estilo de vida destructivos. Realmente quería hacerlo, pero no lo hacía. Durante unos meses todo iban bien, y después no cumplía lo prometido. El drama se volvía a repetir de nuevo. Otra vez se hacían promesas sentidas. El drama volvía a empezar su ciclo. Tras años de no cumplir su palabra, su esposa no quiso saber nada más. El nombre de un hombre es solo tan bueno como su palabra. Cuando ella dejó de aceptar las palabras de él, ya no quiso su nombre. Él fue el único sorprendido cuando ella le dejó.

Mi papá me enseñó que la palabra de un hombre es lo que le da reputación. Decía: "El nombre de Dios es bueno, porque su palabra es buena. Él cumple su palabra, por eso confiamos en su nombre. Lo que la palabra de Dios es para Él, así la palabra de un hombre debería ser para él. La palabra de un hombre debe ser su garantía".

Cuando un hombre cumple sus promesas, le hace ser una persona confiable. Cuando un hombre cumple lo que dice, les da a sus hijos buena reputación. Cuando un hombre cumple su palabra, crea una riqueza de honor. Cuando un hombre cumple su palabra, su vida es más grande.

Cuando hagas una promesa, cúmplela. En el trabajo, en las relaciones, con tu familia, cuando cumplas tu palabra, las personas confiarán en ti. Te ganarás la confianza de las personas y vivirás con confianza. Comenzarás a vivir como un hombre verdadero.

Vivir pequeño es cuando hablas de tu sueño, pero no haces nada. Te sientes insatisfecho y estás de acuerdo en que estás viviendo por debajo de aquello para lo que fuiste creado, pero solo hablas. Te preguntas por qué las personas no te creen lo que dices... pero no eres confiable. Papá me enseñó que **la confianza se estira hasta el límite de la verdad, y no más lejos.**

Mi amigo Jonathan vive en la nación con la mayor población de musulmanes de la tierra. Siendo universitario que asistía a las iglesias tradicionales, cada vez estaba más descontento, parecido a Nehemías. Vio que solo el cuatro por ciento del país era cristiano, y básicamente dijo: "Alguien tiene que hacer algo al respecto". Entonces pasó a la acción.

Junto a dos amigos, comenzaron una iglesia en una casa. La asistencia de la iglesia se duplicó, y después se volvió a duplicar, y ahora son copastores de una de las iglesias más grandes del mundo. Ellos han usado los libros y temarios de nuestro ministerio, y han mentoreado a más de medio millón de hombres en los últimos quince años. ¿Y el problema de la población cristiana? Esa "nación musulmana más grande de la tierra", que antes era musulmana en un 95 por ciento, ahora tiene más del treinta por ciento de seguidores de Jesucristo. La ciudad capital de esa nación ahora tiene un alcalde cristiano.

"Alguien tiene que hacer algo" es hablar. "Estoy reuniendo a mis amigos para hacer un plan" es actuar. Los hombres hablan porque es barato... no les cuesta nada. Pero actuar tiene un precio.

Personas inesperadas cambian el mundo, porque están dispuestas a pagar el precio.

De adolescente, mi amigo Alex Mitala se estaba muriendo de malaria en la jungla de su Uganda natal cuando tuvo un encuentro con Cristo. En medio de la fiebre oyó el nombre de "Jesús". Después en un encuentro fortuito en el mercado, escuchó a unas personas hablando sobre quién era este Jesús. Al día siguiente, sentado en lo profundo de la jungla en un claro que se usaba como iglesia, confirmó su decisión de vivir para Cristo. Durante el brutal reinado del dictador Idi Amin, Alex fue deportado a Kenia por su fe sincera. Pero cuando Amin se fue, Alex regresó.

Poco después, las personas comenzaron a morir de una enfermedad desconocida. No sabían lo que era. Lo llamaban "delgadez". Las personas se enfermaban, adelgazaban y morían. Uganda se había convertido en el epicentro mundial del SIDA. Se extendió por toda la población. Enseguida, el 75 por ciento del ejército, el 50 por ciento de los hombres y el 30 por ciento del país eran positivos al HIV. Las casas eran tabicadas con maderas en toda la nación donde familias enteras habían muerto. La expectativa media de vida bajó a cuarenta y cinco años. Fue un genocidio viral.

Alex viajó a los Estados Unidos en busca de una respuesta. Oyó a mi papá dar una enseñanza sobre la integridad sexual que se titulaba: "La gloria de la virginidad". Alex tomó un video con ese mensaje, un pequeño estuche de plástico con una cinta de video VHS, y comenzó a ponerla en iglesias. En un país polígamo, con una base económica que dependía de las alianzas matrimoniales, la idea de la virginidad y la fidelidad marital era algo revolucionario. El hombre promedio tenía siete parejas sexuales distintas cada año, estuviera casado o no, y se abusaba sexualmente de los niños por rutina. Era algo culturalmente aceptado, pero la cultura tenía que cambiar.

Alex no solo habló de ello, sino que hizo algo. Reunió a algunos amigos y comenzaron el "Movimiento Gloria de la virginidad", o GLOVIMO. Enseguida se hicieron eventos en plazas públicas, un programa de radio nacional, programas en las escuelas públicas, canciones populares y teatros para enseñar a los niños a honrar y proteger su virginidad, que era su derecho. ¿El resultado? Ahora, casi treinta años después, el índice de SIDA que antes era superior al 30 por ciento ha bajado hasta casi el 6 por ciento.

Cuando dejas de hablar y pasas a una acción agresiva, suceden cosas.

No solo hables de ello; *hazlo.*

8

CORAZÓN

¿Por qué se iba a dar cuenta el rey de que uno de sus esclavos se sentía deprimido o desanimado? ¿Por qué iba a decidir un rey en un instante participar en el plan de un esclavo? Un hombre que vive con una deidad en su propia mente no se preocuparía por su copero o el pequeño plan de su copero. O quizá Nehemías estaba en ese lugar de honor como copero del rey porque algo de él había llamado la atención de los consejeros del rey. Algo en Nehemías le había apartado de la multitud, de un palacio lleno de sirvientes. Nehemías era distinto, y se veía.

Uno de mis mejores amigos en la escuela secundaria era Greg, el mejor atleta de la escuela. Era el jugador más popular del equipo de fútbol, el jefazo del campus. Adoptó un sentimiento elevado de quién era y eso atraía a las personas hacia él. A mí me gustaba estar con Greg porque todos querían estar con él... incluidas las chicas. Nos divertíamos. Él siempre estaba relajado, pero cuando se acercaba el siguiente partido, su enfoque se intensificaba. Tenía influencia porque ganaba partidos de fútbol y campeonatos.

La influencia llega como resultado de resolver problemas a las personas. Greg resolvía problemas haciendo realidad el sueño de su

NOS CONVERTIMOS EN LO QUE HAY EN NUESTRO CORAZÓN.

escuela de ganar. A todos los sitios donde iba Jesús, sanaba a los enfermos, echaba fuera demonios, y desde esa plataforma de influencia predicaba el reino. Jesús resolvía los problemas de salud de las personas, traía libertad a los corazones esclavizados, liberaba a las personas de su pasado negativo, y después usaba su influencia para hablar de su Padre y del reino.

Nehemías tenía influencia con el rey porque tenía un espíritu de excelencia con respecto a él. Era atractivo. Las personas se percataban de él. Resolvía los problemas de entretenimiento y de seguridad para el rey. Era bueno en su trabajo. Era bueno con las relaciones. Incluso como esclavo, trabajó hasta llegar a lo más alto, reportándose directamente al rey.

Entonces Nehemías escuchó una mala noticia que removió su corazón, despertó su identidad y dio a luz un nuevo sueño. La visión de ese sueño era tan intensa que se mostraba en su rostro. Un hombre con una visión siempre sangrará esa visión. Es tan real, que su sudor tiene visión en él.

Nos convertimos en lo que hay en nuestro corazón. Debido a la memoria celular, nuestros corazones tienen memoria. Muchos escritores antiguos hablaban sobre los corazones de las personas. Escribieron: "Dios, he puesto tu Palabra en mi corazón para dejar de hacer lo malo".[1] Y "Protege tu corazón, porque de tu corazón procede el destino de tu vida".[2]

Tú te convertirás en aquello que tienes en tu corazón. Tus manos terminarán haciendo lo que tu corazón ha producido.

Podemos fingir. Podemos mostrar una buena apariencia para engañar al mundo que nos rodea, pero por dentro, *somos* aquello que hay en lo profundo de nuestro corazón. Las heridas, victorias, sueños y deseos que nos definen profundamente determinarán nuestro destino, porque determinan nuestras acciones.

La conducta siempre sigue a la creencia.

Lo que haces está basado en lo que crees. La creencia no es solo una función de tu mente consciente. Las creencias residen en lo más hondo de tu ser. La ira a menudo es una respuesta externa a una herida interna contra la que chocaste. ¿Cuántas veces no hemos reaccionado a algo o alguien, y nos ha sorprendido nuestra propia respuesta?

Un hombre sin una visión para su vida escuchará la última voz que oyó. Y después... la vida tan solo sucede. A veces intentamos cambiar, salir de donde estamos. Trabajamos, lo intentamos, nos esforzamos, pero esta es la clave: *Un hombre sin una visión para su futuro siempre regresará a su pasado.*

La persona promedio lee 200 palabras por minuto. Hablamos un promedio de 150 palabras por minuto. Pero la conversación interna de nuestra mente está gritando a 400 palabras por minuto a la velocidad más lenta. Y por naturaleza son cosas negativas.

Escuché a mi amigo Pat Morley parafrasear un axioma empresarial: "Tu sistema de pensamiento está perfectamente diseñado para lograr los resultados que ahora estás consiguiendo".

Donde te encuentras ahora mismo es un resultado de lo que has estado pensando en los últimos años. Hoy estás viviendo el resultado de tu vida mental de ayer.

Lo que cambia nuestra conducta es una visión clara de nuestro futuro. Por eso la advertencia de Jesús era tan inteligente. Él dijo: "Ama a Dios y ama a las personas. Todo lo demás depende de eso".[3]

Si *no puedes* encontrar tu visión, *puedes* dejar que tu visión te encuentre. Lo único que tienes que hacer es lo que dijo Jesús: amar a Dios y ayudar a las personas. A menudo encontramos nuestro camino al ayudar a otro a encontrar el suyo.

He descubierto que la forma más fácil de encontrar tu camino es descartar los caminos por los que no quieres viajar. Haz una lista. Haz el trabajo.

Nate era un joven al que vi crecer y convertirse en un tremendo hombre de Dios. Pero hace unos años quedó perplejo. Le encantaba trabajar como carpintero y pensaba que esa sería su profesión. Pero también le encantaba estudiar cómo invertir y cómo funcionaba la economía. Era joven. Nos vimos para tomar un café, por supuesto. Nos servimos una buena taza de café y nos acomodamos en dos sillas en la esquina. "Nate, ¿cuántos años tienes?", le pregunté.

"Ahora tengo veinticuatro".

"Bien, genial. Entonces, si encontraras tu dirección en los siguientes dos años y supieras lo que quieres hacer con tu carrera, ¿estaría bien descubrirlo cuanto tengas veintiséis?".

"Bueno, si lo dices así, entonces sí, me conformaría con eso. Lo único es que no veo cómo pueda ocurrir. Hay muchas oportunidades y muchas direcciones por las que podría ir".

"¿Quieres ser astronauta?".

"No", se rió Nate. "Imagino que puedo tachar eso de la lista".

"¿Qué pasaría, Nate, si tacharas todo lo que sabes que no vas a hacer... fuerzas especiales del ejército, pediatra, y demás? Después, ¿qué pasaría si tomaras un trabajo de carpintero ahora mismo, te comprometieras a él por un año, y después vieras adónde te lleva eso?".

Nate se comprometió a ser carpintero. Le encantaba el trabajo físico, pero cuanto más trabajaba en ello, más descubría que realmente no le llenaba. Al año siguiente trabajó en una empresa maderera, pensando que las ventas podrían ser su lugar. Lo habló conmigo. Eso tampoco era. Seguimos orando, enfocando, estrechando.

Un amigo suyo estaba trabajando en una firma de corretaje y le dijo que había una vacante. Ayudó a Nate a conseguir el empleo. Nate progresó. Ahora Nate está consiguiendo ascensos, se ha casado con la chica de sus sueños, está activo en su iglesia y encantado con la vida.

Tiene que ver con darle a la diana. Mi amigo Will es un campeón de tiro de larga distancia. Su rifle es una asombrosa obra de ingeniería, y puede alcanzar una diana del tamaño de una tarta a ochocientos metros. Me explicaba el concepto de apuntar. Cuando apuntas con tu arma, pones la cruz en la diana, después disparas y ves dónde impacta la bala. Después comienzas a realizar los ajustes en tu mira y tu rifle hasta que hayas puesto la cruz y la bala justo en medio de la diana. Todo en armonía. Todo en acuerdo. Has llegado a la simetría perfecta del tiempo, la distancia, la atmósfera y la destreza. Estás centrado.

Mira tu corazón. Ama a Dios. Ama a las personas. Apunta. Encuentra la forma de servir a alguien y muestra tu expresión de amor a Dios. Comienza a descartar las cosas que no van contigo y mantente enfocado en la diana. Cuando te acerques, retoca tu mira y vuelve a disparar.

Dios *tiene un propósito para tu vida y un plan para la humanidad.* Recuerda: no te has perdido su "plan perfecto". Solo necesitas encontrar tu propósito. Tu corazón se identificará cuando lo hagas.

La mayoría de los hombres se detienen. Se acostumbran a que sus disparos impacten algo que no les satisface y se conforman ahí, disparando a la nada. El líder empresarial Ross Perot dijo: "La mayoría de las personas se dan por vencidas justo cuando están a punto de conseguir el éxito".[4]

Un automóvil estacionado no necesita direcciones. Pero cuando estás circulando, Dios puede señalarte hacia su intención más plena para tu vida. Abre tu corazón. Ama a Dios, ayuda a las personas. Ponte en movimiento y Dios te guiará.

9
PAPÁ

Tu visión debe estar ante todo en tu corazón. Debe estar al frente en tu mente. Muchas veces los asuntos del día a día desplazan nuestra visión, pero nuestro corazón cambia cuando liberamos lo negativo que desplaza a lo positivo. Somos nosotros los que tomamos la decisión de tener o no esas cosas negativas en nuestra vida. Por eso, toma decisiones diferentes. Los hábitos se remodelan al servir a las nuevas decisiones. Así como la luz desplaza a la oscuridad, los hábitos no se rompen; se desplazan.

Jesús dijo: "Cuando perdonas a otros, liberas de tu corazón los pensamientos negativos que están ahí. Si no perdonas a otros, retendrás las heridas y la vergüenza de cosas que has hecho o de cosas que te han ocurrido".[1]

La clave para tener el monólogo interior correcto, para edificar una vida que avance, para cumplir tus sueños, es esta: tu corazón debe estar limpio de negatividad llenándolo con contenido positivo.

Esto es algo a lo que recurro continuamente. Es lo que Nehemías hizo al comienzo de su oración. Él "se arrepintió" de todo el pensamiento y de la conducta negativa de su corazón y reconoció a Dios, invitándolo a llenar los lugares vacíos.

LOS HÁBITOS NO SE ROMPEN; SE DESPLAZAN.

Nehemías se puso de pie como un hombre, arrepentido por sus fallos, los fallos de todo su linaje familiar e incluso los de su nación. Cuando se arrepintió, inició un proceso de limpieza de corazón que solo Dios puede hacer. Su visión aumentó a medida que sus fallos se hacían más pequeños. Los sueños positivos de su corazón desplazaron al contexto negativo de su vida.

Te conviertes en la persona que eres en tu corazón. Te conviertes en la historia que te relatas a ti mismo de ti mismo.

Mi amigo Rafael pastorea una iglesia creciente en Florida. Se crió en Argentina en un hogar disfuncional. Estábamos jugando al golf, al menos él estaba jugando, yo estaba dando palos al aire. Habíamos pasado tiempo juntos en conferencias y reuniones, pero este era nuestro primer momento de hombres. Le pregunté por su historia. Él dijo: "Mi papá era un gran tipo, pero era un alcohólico malo, y cada vez se volvía más y más abusivo. Cuando yo tenía doce años, mi único sueño era cumplir los dieciocho, darle una paliza a mi padre e irme de casa".

"¿Qué sucedió?", le pregunté mientras daba mi cuarto golpe suave en el número 6.

"Me invitaron a una reunión de jóvenes en una iglesia local cuando tenía dieciséis. Le entregué mi vida a Jesús, y fue explosivo. Cristo limpió mi corazón, renovó mis pensamientos y me dio la visión de convertirme en un hombre exitoso. Fue un cambio gigante".

"Entonces ¿no le diste una paliza a tu padre?".

"Ah, no. Él no cambió, pero yo sí. Cuando cumplí dieciocho, le dije a mi padre que le amaba, pero que me iba. Fui a una universidad cristiana, me convertí en pastor de jóvenes, conocí a mi esposa. Hoy, estamos aquí viviendo una vida maravillosa ayudando a otros, construyendo una iglesia tremenda".

"¿Qué ocurrió con tu familia? ¿Tus hermanos y hermanas?".

"Tengo un hermano. Y es un desastre".

NOS CONVERTIMOS EN LO QUE SE QUEDA RETENIDO EN NUESTROS CORAZONES.

"¿Cómo?".

"Bueno, es dos años menor que yo, así que debe tener ahora cuarenta y dos. Pero es como mi papá. Es alcohólico, abusivo, y está enojado y amargado. Se ha casado varias veces. Es un desastre total. Es extraño que se convirtió en aquello que odiaba".

Estando en el comienzo del número 7, le recordé a Rafael las palabras de Jesús: que si perdonamos a alguien, el dolor se va de nuestro corazón, pero si no, se queda en nuestro corazón. Nos convertimos en lo que hay en nuestro corazón. Su hermano se había aferrado a lo negativo.

Rafael conocía muy bien la Palabra, pero nunca lo había visto de este modo. Ahora vio el patrón en su propia familia. Su hermano nunca perdonó a su papá, así que su falta de perdón finalmente ató los pecados de su padre a sí mismo. Rafael había perdonado a su papá, lo había soltado de su corazón, y vivía una vida libre y gratificante. El perdón libera; la falta de perdón ata. Nos convertimos en lo que se queda retenido en nuestros corazones. Es sorprendente cuántos hombres no ven esto, incluso líderes consumados como Rafael.

Estaba en una ciudad del noreste cuando sentí decirles esta verdad a un grupo de hombres. Al final, les dirigí en una oración: "Dios, perdono a mi papá y te pido que me perdones. Creo y confío en Jesús. Ayúdame a limpiar mi corazón de todo este dolor, y de la falta de perdón que he tenido hacia él y hacia otros. Por favor, permíteme vivir libre. Lo suelto de mi vida, y te pido, Dios, que llenes mi vida con la vida de Jesús. ¡Amén!".

Fue un momento electrizante. Se podía sentir los corazones abiertos de los hombres. Algunos lloraban suavemente. Otros tomaron a un amigo y le abrazaron, entre sollozos. Otros estaban callados, disfrutando de la libertad que dio ese momento. Para muchos, fue la primera vez en sus vidas en admitir lo que había sucedido con sus padres, o con otros.

Pero no era la primera vez para un padre joven llamado Erik.

Cuando terminó la reunión, Erik se acercó a mí, con su rostro radiante, los ojos enrojecidos, una chaqueta escocesa totalmente abierta, y una Biblia y un cuaderno en su mano. Me preguntó si podía hablar un momento. Dijo: "Esto era justo lo que necesitaba. Mi vida familiar fue un lío total cuando era niño. He tenido adicciones y ahora estoy en terapia, pero mis adicciones arruinaron mi matrimonio. Mi terapeuta me dijo que escribiera cuatro cartas a mi padre... que eso me haría sentir mejor. Bueno, solo he escrito dos. Pero después de hoy, ya no las necesitaré". Sacó un cuaderno marrón que llevaba, arrancó algunas páginas, y me las entregó.

"Se supone que debía ir a su casa esta noche y entregarle estas cartas. Pero no le voy a leer toda esta ira. Le voy a decir directamente que le perdono. Perdono lo que nos hizo a mí y a mamá. Le voy a decir que le amo, a pesar de todo". Sus lágrimas comenzaron a brotar de nuevo. Nos abrazamos. Oramos juntos. Le di unas palmaditas en el hombro, y después su amigo que estaba a su lado le abrazó. Iban juntos a ver a su papá. Erik salió de esa sala como un hombre libre.

En el avión a la mañana siguiente, saqué sus cartas de mi mochila. Se podía ver el dolor en la letra garabateada que cubría las páginas. Esto es parte de lo que Erik había escrito a su padre:

> Querido padre desconectado, egocéntrico y emocionalmente perdido,
>
> Siento que vives en un mundo que tú mismo has creado. Intentas buscar con quién interactuar, pero no hay nadie. Nos alejaste a una edad muy joven y después esperas que estemos ahí en nuestros años de adultos.
>
> Me acuerdo de las veces que necesité un padre, cuando me decían que lo estaba haciendo mal, cuando estaba

> aprendiendo a afeitarme, o cuando estaba teniendo relaciones sexuales para cubrir mi dolor. En lugar de eso, me habían dado un tirano, que estaba construyendo un reino apropiado para sí mismo.
>
> Nunca te pedí que fueras perfecto, solo que interactuaras o te sentaras conmigo durante cinco minutos sin que hubiera televisión o teléfonos de por medio. ¿Por qué es tan difícil quererme? ¿Por qué mi amor es un precio demasiado elevado, pero mi autoestima es tan barata? ¿Por qué no fuiste conmigo a pescar o a acampar? Tan solo deseaba que fueras un padre a tiempo completo, no solo un padre lo suficientemente bueno.

La segunda carta estaba aún más llena de dolor:

> Querido George,
>
> Te escribo de una manera más formal. No siento que te merezcas el título de "Padre". Cuando era un niño, estabas desconectado, eras un matón y moldeaste mi familia para que solo te sirviera a ti.
>
> Me hiciste sentir pequeño e insignificante. Dañaste mis sentimientos sin tener remordimiento alguno. Eres un hombre con muy poco carácter y sin consideración por los demás. Este egocentrismo ha creado barreras que me hicieron ser incapaz de amar o de ser amado.
>
> He decidido que, en cuanto a mi familia, no pasaré mi tiempo intentando perseguir tu idea. Tengo mi propia familia y ellos necesitan que sea el padre que nunca me enseñaste a ser. Adiós.

Apenas podía contener las lágrimas mientras leía su angustia. ¿Cuántos hombres se sentirán así? Pero ahora, Erik estaba siendo sanado. Estas cartas se arrancaron de su cuaderno y de su corazón. Se estaba convirtiendo en un hombre nuevo y libre. El perdón tiene un poder gigante.

Quizá has albergado los mismos sentimientos en tu propio corazón. Puedes ser libre hoy al igual que Erik. No tienes que vivir con tu historia enmarcada por la falta de perdón, la amargura y el dolor. Hasta que tu corazón quede libre de la toxicidad de la disfunción, nunca te convertirás en aquello para lo que Dios te diseñó.

Puede ser tu papá, quizá un exsocio laboral, o una exesposa o novia. Te has encontrado a ti mismo cubierto de problemas porque estás actuando en base a lo que hay en tu corazón. Deshazte de ello. Libérate, perdona y suéltate.

Un hombre grande y fornido de las montañas en Montana se acercó a mí un domingo por la mañana al término de la reunión. Manos grandes, un saludo firme. "Gracias por lo de ayer", dijo él.

"¿Qué ocurrió ayer?". Habíamos tenido una conferencia regional de hombres, pero no recordaba haberle visto.

Él dijo: "No supe quién era mi padre hasta los veinte años, y siempre estaba enojado por ello. Cuando me encontré con él cuando tenía veinte años, me miró a los ojos y dijo: 'Vete a %*&# de aquí. No quiero tener nada que ver ni contigo ni con tu madre'. Le he odiado durante cuarenta años. Cada relación en mi vida ha sido un desastre. Ayer, descubrí por qué. Falta de perdón".

Le di un empujoncito en su hombro. Sus ojos se empezaron a humedecer, y no lo disimuló. Lo sacó todo, ahí sin tapujos.

"Ayer, por primera vez en mi vida, perdoné a mi padre. Y lo hice sinceramente. Asumí mi responsabilidad, traté con ello, y le perdoné. Hoy me desperté, y por primera vez en mi vida me sentí un hombre libre. Así que, gracias".

Nos volvimos a dar la mano de nuevo, nos abrazamos. Se dio media vuelta y se alejó. Sin parloteos. Hecho. Bum.

Libre. Tú también puedes serlo. Perdona.

10

EJÉRCITO

Me mudé a Santa Cruz, California, "Ciudad del surf USA", al comienzo de mi adolescencia. No había crecido surfeando, y no quería aprender delante de los que mejor sabían hacer surf en Cowells o Pleasure Point. No quería parecer un inepto social. Así que mi amigo Bob y yo faltamos a la escuela, "tomamos prestado" el automóvil de su madre, tomamos algunas tablas de surf de las casas de amigos, y condujimos hasta la costa, a una playa desierta. Íbamos a aprender a surfear.

Cometimos un par de errores justo al inicio. No recibimos entrenamiento ni nadie que nos dijera cómo surfear. Íbamos a descubrirlo por nosotros mismos. Y no le dijimos a nadie adónde íbamos.

Sin conocer en absoluto el océano, la subida y bajada de las mareas, el movimiento de las corrientes o el peligro de las resacas, nos lanzamos con entusiasmo hacia las olas. Lo que no vimos fue una corriente que iba de norte a sur que comenzó a empujarnos hacia una línea de rocas. Un arrecife que había estado oculto quedó al descubierto cuando bajó la marea, y era peligroso. Nos alejamos remando con furia. La resaca hacía que las olas fueran mayores, así que remamos alejando las tablas de la orilla. En ese momento comenzamos a asustarnos.

Un par de hombres mayores sin ropa aparecieron en lo que pensamos que era una playa desierta y gritaron: "¿ESTÁN BIEN, CHICOS?".

Nos asustamos. Una de dos: o íbamos a morir estrellados contra las rocas o a bofetadas a manos de dos extraños desnudos salidos de un asilo.

Nosotros les contestamos: "SÍ, ESTAMOS BIEN".

Desesperados, cansados y pensando seriamente que íbamos a morir, Bob y yo finalmente nos bajamos de las tablas y las empujamos hacia algunas olas grandes. Estas estrellaron las tablas contra las rocas, pero al menos se dirigían hacia la orilla. Bob y yo después nadamos una distancia que nos pareció un kilómetro y medio, pero probablemente fue como la décima parte de eso, y finalmente llegamos a la playa. Estábamos a salvo. En ese momento, los hombres desnudos se habían ido. Nos tumbamos de espaldas y le dimos gracias a Dios. Después besamos la arena, recuperamos las tablas y nos prometimos el uno al otro que nunca jamás le contaríamos esta historia a nadie. Jamás. (Lo siento, Bob).

Desde ese entonces, he adquirido algo de sabiduría.

Primero, cuando comienzas algo, aprende de las personas que saben cómo hacerlo.

Segundo, si no conoces a esas personas, ve a buscarlas. A los expertos les encanta dar sabiduría y consejo a personas que escuchen y tengan ganas de aprender.

Hay personas a tu alrededor que saben lo que necesitas aunque tú mismo no lo sepas. La mejor pregunta en las empresas es esta: "¿Qué sabes tú que no sé yo, y que debería saber?". Los hombres más exitosos del mundo hacen esa pregunta.

Tercero, si vas a aprender a surfear, nunca surfees con alguien que no sepa hacerlo. Es lo mismo que surfear solo. Y esa es la regla principal del surf… nunca surfees solo.

Nehemías no sabía que necesitaba un ejército, pero el rey sí lo sabía. Envió un ejército con Nehemías. Cuando el rey captó la pasión de la visión de Nehemías, se involucró. El rey había estado en la guerra. Había organizado grandes proyectos. Había visto la traición. Conocía los caminos de los hombres malos. Sabía lo que necesitaba Nehemías, así que envió a un capitán y un pequeño ejército.

Un ejército no estaba en los planes de Nehemías, pero Nehemías era suficientemente humilde para ajustar su plan a fin de que acomodara al ejército. Él no lo sabía, pero el rey sí.

Los hombres tienen que averiguar de otros lo que no saben. Se necesita humildad. Tom Monhler vive en Sonora, California, una ciudad montañosa en el condado de Mother Lode donde vivía mi familia cuando yo era pequeño. Tom quería avivar la instauración de una iglesia en ese territorio escarpado. Oró y trabajó por ello, pero no consiguió hacerlo.

Un día, mientras él estaba ministrando, se dio cuenta de que había solo tres hombres en la iglesia, y que él era uno de ellos. Sabía que necesitaba empezar a "hacer algo con los hombres" para edificar la iglesia. Tom contactó con Christian Men's Network y se enteró de un programa que por lo general tiene un resultado de un aumento de un 20 por ciento. Nuestros chicos le entrenaron, que es lo que les encanta hacer. Tom hizo exactamente lo que los entrenadores y el manual decían. Tras un año, envió un correo electrónico de una línea: "Hemos crecido un 30%". Al final del segundo año, la iglesia se había multiplicado por dos. Al año siguiente, más crecimiento, y mientras escribo esto, la iglesia está a punto de volver a duplicarse.

Tom no lo hizo solo. Pidió dirección.

Mi amigo Bill ha levantado su negocio estando dispuesto a preguntar a las personas qué era lo que ellos sabían que él no supiera. Uno nunca sabe quién te va a dar la respuesta que necesitas. Un año después de adquirir un nuevo negocio y comenzar a cerrar departamentos que no producían, realizó entrevistas de salida. Una mujer se sentó delante de él, y él sabía que tendrían que despedirla a pesar de lo que ella dijera.

"¿Qué sabe usted que yo no sé?", preguntó él.

Ella respondió: "Sé que el anterior propietario nunca lanzó adecuadamente mi línea de productos, pero si lo hiciéramos, sería algo enorme. Sé que si usted me mantiene aquí, y me da noventa días para hacerlo a mi manera, le mostraré". Bill se sorprendió. Volvió a hablar con sus socios, y le dieron a esta directora insulsa un periodo de gracia de noventa días.

Sus métodos funcionaron. Actualmente, ella sigue trabajando para ellos y ganando diez veces más de lo que ganaba antes, solo en comisiones. Y la empresa de Bill se ha extendido globalmente.

LA VISIÓN EN ACCIÓN ATRAE RESPUESTAS A LAS NECESIDADES.

Me senté a tomar café con un hombre al que acababa de conocer mediante unos amigos comunes. Comenzamos a charlar sobre su historia y su experiencia estableciendo iglesias. De algún modo, su historia hizo que se encendiera una bombilla, y le pregunté: "Oye, ¿eres tú ese hombre?". Lo era. Se había escrito acerca de él en el gran libro de Rick Warren, *Una iglesia con propósito*. Él era el pastor que fue a Rick a pedirle consejo. Rick le dijo, básicamente, que estaba en la cultura equivocada. Si se hubiera mudado a unos kilómetros de distancia, su iglesia explotaría. El hombre no lo creyó al principio, pero debido a la desesperación finalmente siguió el consejo de Rick. Y funcionó.

"¡Sí, yo soy ese tipo!", dijo el pastor. "Sucedió exactamente como lo escribió Rick. 'Si te trasladas unos cuantos kilómetros, todo cambiará'. Y así fue".

Pregunta a los expertos. Todo hombre necesita un ejército.

La visión en acción atrae respuestas a las necesidades. Una visión puesta en marcha produce esperanza en las personas. Donde *no* hay visión, las personas se desaniman. Tomar la decisión de actuar infunde vida a un proyecto o sueño. Tomar la decisión de actuar según tu sueño encenderá pasión en ti, y en las personas que necesitas.

Se dice que Teddy Roosevelt destacó: "En el momento de enfrentar un gran obstáculo, lo más importante es tomar la decisión correcta. La segunda cosa más importante es tomar la decisión".

Las decisiones crean energía. La indecisión produce inercia, pérdida de empuje y pasividad. Los hombres decididos edifican fortaleza; las hombres indecisos evocan debilidad.

A lo largo de la historia, verás que hasta que se pone en marcha una visión, no aparece la provisión. Cuando Nehemías comenzó a liberar su visión, declarar su sueño y actuar en osadía y fe, la provisión que necesitaba se hizo disponible.

No había visto mucho a Jacob, un gran joven que estaba empezando una carrera en ingeniería en una firma cercana. Nos las arreglamos para un almuerzo rápido un día. Con café. Mientras escuchaba su situación, dije: "Jacob, Dios tiene un ejército".

"¿Qué significa eso?".

"Significa que Dios te ha provisto con el poder del Espíritu Santo". Saqué mi teléfono y busqué en mi Biblia. "Él ha prometido no dejarte nunca solo. Él siempre está ahí. Él te respalda. El versículo favorito de mi esposa es del libro de Hebreos. Se entiende mejor en la traducción *Amplificada* porque nos da el significado subyacente. Aquí está. Léelo en voz alta".

Jacob leyó: "*...[Dios] mismo ha dicho, no te fallaré de ninguna forma ni te abandonaré ni te dejaré sin apoyo. De ninguna, ninguna, ninguna manera te dejaré sin ayuda ni me olvidaré ni te decepcionaré (no aflojaré mi mano de ti) [¡De ninguna manera!]*".

Me miró, y me dijo: "¡Caramba!". Después lo volvió a leer unas cuantas veces, con su mente de ingeniero poniéndose en acción.

Le expliqué que en el pasaje, una palabra se repite tres veces: "*Ninguna, ninguna, ninguna*". Es un lenguaje antiguo legal que significa que es un acuerdo inquebrantable. Es incluso más fuerte que un contrato. Es un pacto. Las personas en esos tiempos lo entendían mejor. Cuando los hombres hacían un acuerdo, se ponían delante de los líderes de la ciudad y lo decían tres veces. Sin errores. Lo repetían tres veces. Después se convertía en algo vinculante.

No importa si eres un joven ingeniero que estás comenzando, un conductor de autobús de mediana edad, un exadicto de algún tipo o un adolescente patinador. Dios te ha dado un pacto.

Como pacto que es, nunca se puede cambiar ni alterar en forma alguna. Un contrato entre personas se puede revisar, pero un contrato entre Dios y el hombre está hecho. Terminado. Finiquitado. En piedra. Eso permanecerá a partir de ahora.

Dios no te dejará sin ayuda. Él sabe lo que necesitas, y tiene todo lo que tú necesitas. Tan solo empieza a pedir.

Camina sabiendo que Dios te respalda. Porque así es.

11

CALIFICADO

"Tuve mi oportunidad. Pero ya pasó". He escuchado el mismo lamento de cientos de hombres durante cuarenta años de ser mentor y coach. Siempre suena igual porque viene de la misma fuente. El enemigo les ha convencido de la misma vieja mentira de siempre: "No puedes hacerlo. Es demasiado tarde".

La mentira tiene dos direcciones. O bien *no* estás calificado, nadie te querrá jamás, y eres estúpido por pensar que podrías. O estás *descalificado,* tomaste malas decisiones, y estás fuera.

Esa mentira se convierte en el factor identificativo que limita la vida de un hombre. En la raíz de la mentira hay un cuadro erróneo de Dios. Dibuja a un Dios parecido a un hombre que juzga solamente en base a las acciones o los atributos externos, basando su medida de un hombre en desempeño o buenas cualidades.

La mentira es una acusación contra ti, y es también una acusación contra Dios. Le acusa de no ser capaz de hacer lo que Él dice que puede hacer. Que su poder es limitado. Que se le puede manipular, que hacer cierta cantidad de cosas buenas te calificará para recibir la bendición de Dios, pero que hacer cosas malas te descalificará.

La primera acusación de Satanás contra Dios fue que Dios era un mentiroso. "*¿Conque Dios os ha dicho...?*",[1] le dijo a Eva en el huerto para manipular su corazón. Su intención era crear duda en ella con respecto a la palabra de Dios, rebajar a Dios a su nivel, para equipararse a él. El enemigo siempre intenta rebajar a los hombres a un nivel inferior mediante la manipulación y la acusación.

El enemigo es un mentiroso. Está lleno de estiércol (para usar el lenguaje de la Reina Valera).

Hace una semanas, me reuní con Michael Philips por primera vez. A Michael le había descalificado la educación, la policía, él mismo y sus circunstancias. Sin embargo, ahora es un éxito tremendo. Michael creció en los barrios pobres de Baltimore, donde en sus propias palabras, los jóvenes afroamericanos aprendieron a saltar alto para adelantarse en la vida. Él destacó y recibió cartas de decenas de universidades ofreciéndole una beca de baloncesto. El futuro finalmente parecía bueno.

Su padre había muerto cuando Michael tenía solo doce años. Papá había sido pastor, trabajando en dos empleos para mantener a su familia mientras ministraba. Cuando su padre murió, la madre de Michael se hizo cargo de la iglesia que se reunía en una escuela secundaria histórica que había cerrado. Tras el funeral, Michael vagó por el vecindario, creciendo como la mayoría de sus amigos, sin una fuerte presencia masculina. Pero finalmente, Michael tuvo un respiro. El baloncesto era su pasaporte.

Pero ese septiembre, justo después de llegar a la universidad, un accidente de tráfico le destrozó la pierna. Michael nunca llegó a disputar ni un solo partido universitario. En su lugar, se recluyó en su cuarto, ahogándose en el alcohol y las drogas. La escuela le invitó a dejar de hacerlo en los dormitorios, y se vio a sí mismo de nuevo en casa, igual que los demás tipos que no entraron en la universidad o en los deportes. Se unió a algunos de ellos y comenzó a traficar con drogas. Para conseguir dinero extra, Michael descubrió que era bastante bueno en el fraude económico. Enseguida, tenía un automóvil deportivo, tenía dinero. Lo había logrado, a fin de cuentas.

El colapso llegó una mañana temprano, y Michael ingresó en prisión. Cuatro días después, un juez llamó a Michael. En los juzgados, un abogado al que Michael no había visto antes se sentó mirándole a los ojos. El juez dijo: "Este abogado descubrió que usted fue aceptado en más de veinte universidades. Por ello, le daré a elegir: la prisión o la universidad". Michael se liberó. *Allá vamos....* "Universidad", dijo.

El abogado le entregó un papel al juez, que resultó ser el primer papel que el abogado sacó de una caja cuando visitó a la madre de Michael. El juez le echó un vistazo y dijo: "De acuerdo, irá usted aquí". El papel era una carta de aceptación de la Universidad Oral Roberts. La liberación de Michael se convirtió en un espasmo. Una universidad cristiana era el último lugar en la tierra al que quería ir.

Michael no quería saber nada de Dios, pero en ORU tuvo un encuentro divino. Michael dejó de creer una mentira limitante y comenzó a creer lo que la Palabra de Dios decía de él. Tras la universidad, comenzó a vender. Se casó con una mujer inteligente que estaba trabajando en su doctorado. Tuvieron dos hijos. La vida iba bien. Entonces una noche, Dios habló al corazón de Michael para que regresara al lugar donde había crecido. De nuevo, era el último lugar en la tierra...

Junto a su esposa, mudaron a su joven familia de nuevo a Baltimore y entraron en la que había sido primero la iglesia de su padre, después la de su madre, y ahora la suya, un lugar lleno de muchos recuerdos dolorosos. El viernes antes del primer domingo cuando Michael iba a subir al púlpito, un agente apareció con una nota de procedimiento de ejecución. Eso fue solo el comienzo. Un revés terrible al que le siguió un milagro, seguido de mucho trabajo, seguido de otros reveses, uno tras otro, año tras año.

Un día, el mayor constructor de Baltimore fue a ver a su nieto jugar al fútbol en el parque que había detrás de la iglesia de Michael. Después del partido, el hombre quiso revisar el gran edificio decrépito del que nunca antes se había percatado. Conoció a Michael, y se enteró de lo que *era* el edificio y también de lo que *podría* ser. Le presentó a Michael a un financiero. Los tres hombres aunaron fuerzas. Actualmente, han recaudado decenas de millones de dólares, han renovado el edificio, han comenzado una escuela, han hecho planes para poner un supermercado y más escuelas, y están supliendo las necesidades de las personas del vecindario. Los traficantes de drogas se han ido. La congregación está animada, con energías y creciendo.

Michael estaba descalificado en base a todas las medidas de la tierra, pero nunca estuvo descalificado para Dios. Al crecer sin el aliento de nadie o la afirmación de quién era, de las cosas que se le daban bien o de quién podía llegar a ser, sencillamente fue a la deriva. Hoy, se sienta en consejos que toman grandes decisiones relativas a la educación, el gobierno, el cuidado de la salud, y más. Su esposa, con un doctorado, preside una clínica. Su hija se está destacando en el baile y la música, y su hijo acaba de ser aceptado en Harvard.

Otras personas descalificaron a Michael. Michael descalificó a Michael. Pero Dios no descalificó a Michael. Su arrepentimiento lo calificó, la gracia de Dios lo empoderó, y su fidelidad le sostiene. Dios puso a Michael de nuevo en su destino, donde ahora está cumpliendo su llamado.

El arrepentimiento siempre renueva y restaura. El arrepentimiento nos reconcilia con Dios. El arrepentimiento es el punto fundamental entre la ruina y la reconciliación. El arrepentimiento define a un hombre.

El mensaje de Jesucristo es que Él precalifica a cada uno de nosotros mediante el arrepentimiento.

Según lees, debes entender que tú *no puedes* definirte en base a un error, o a unos cuantos errores, aunque sean grandes. Cuando Dios te perdona, tu pasado ya no te define. Ahora te define tu mañana. Jesús nunca definió a un hombre por su pasado, sino que siempre llamó a los hombres en base a su futuro. Cada día que caminas con Cristo, te conviertes cada vez más en quien realmente eres, en tu verdadera identidad.

No me definen como hombre las cosas contra las que lucho. Me define como hombre el hecho de que soy un perseguidor apasionado del poder de la presencia de Dios.

Y nada más. No te califican las buenas obras. No te descalifica nada de lo que te haya pasado, o nada de lo que hayas hecho. Cuando nos arrepentimos pidiéndole a Dios que limpie nuestro corazón, queda hecho.

Pablo escribió en una carta a una iglesia en el antiguo Corinto: "Cuando te conviertes en un seguidor de Jesucristo, todas las cosas viejas pasan y toda tu vida se hace de nuevo. Eres una nueva creación espiritual, por Jesucristo".[2] Ya no eres esa persona que eras antes, esa ya no es tu historia. Tú eres alguien...

Nuevo. Fresco. Redimido. Calificado.

12
ENFOQUE

Cuando Nehemías llegó a Jerusalén, la situación era peor de lo que había anticipado. El quebranto y la destrucción fueron del todo evidentes al llegar a la última cresta a pocos kilómetros de la ciudad. Herramientas abandonadas yacían desechadas junto a arcos caídos y ladrillos tirados. Las cabras arrancaban malas hierbas que crecían de las casetas raídas que antes formaban el bullicioso mercado. Los hogares que habían albergado familias y una vibrante comunidad estaban cubiertos de tierra del desierto y plantas rodadoras. Unos cardos atravesaban lo único que quedaba de las calles. No era solo caótico, sino una derrota total. Un espíritu de temor llenaba la atmósfera. Las personas sobrevivían en tiendas raídas y aisladas junto al valle a las afueras de la puerta oriental.

Era tiempo de moverse a la acción. Sus emociones le decían que pusiera en marcha las cosas, *ya*. Pero Nehemías hizo una pausa. En vez de saltar inmediatamente a una acción furiosa, hizo algo que muchos hombres no hacen. Respiró. Acalló su espíritu. Enfocó su corazón. Enfoque no se trata de mayor intensidad. Se trata de mayor intencionalidad.

Nehemías juntó la pasión en su corazón y se aquietó. Se alejó de las voces que le daban reportes negativos. Entiende que tu corazón se inclinará hacia la dirección de las voces que escuches. La inclinación de tu vida influencia tus decisiones. Tus decisiones dirigen tu vida. Por eso leer la Biblia es tan importante. Tu corazón se inclina hacia Dios cuando estás leyendo su Palabra.

Lo que recibas en tu corazón te guiará hacia tu propósito. Después actúa sobre ese propósito profundo.

El enemigo vive en el caos. Ruido. Confusión. Agitación.

Tu mente puede tener 40 pensamientos por segundo multiplicado por 88.400 segundos al día.

Tu cerebro tiene 100.000 millones de neuronas que están haciendo 100 millones de millones de conexiones al día.

¡ENFOQUE!

Nehemías se aquietó. Nuestro corazón prospera cuando oímos la comedida, pacífica, sabia y misericordiosa voz de Dios.

ENFOQUE NO SE TRATA DE MAYOR INTENSIDAD. SE TRATA DE MAYOR INTENCIONALIDAD.

Nehemías hizo lo mismo que hizo María cuando el ángel le dijo que iba a concebir al hijo del Dios Todopoderoso. Ella mantuvo la visión en lo profundo de su corazón, y no se lo dijo a nadie salvo a José y a su prima Elisabet. El apóstol Lucas escribe que después del nacimiento de Cristo, ella de nuevo meditaba en lo que estaba ocurriendo en su corazón. Necesitamos algunos hombres que mediten. (Eso significa *pararse y pensar en ello*). María enfocó su corazón hacia la tarea que tenía por delante de criar al Hijo de Dios.

Nehemías no le contó a nadie su plan cuando llegó a Jerusalén. No juntó a su ejército y leyó una gran proclamación: "¡Aquí estoy para reconstruir el muro, pueblo!". Hizo una pausa durante tres días, una medida de tiempo que a menudo en la Biblia significa algo que se ha terminado y que está más allá del ámbito de la manipulación del hombre. Nehemías descansó, después salió avanzada la noche y revisó los muros. Ninguno de los residentes sabía qué estaba haciendo. En la quietud encontró su enfoque.

¿Por qué estaba tan quieto con respecto a algo que le apasionaba tanto?

Como las personas son negativas por naturaleza, es fácil menospreciar. Tenemos tendencia a lo negativo. Es fácil decir por qué algo no se puede hacer, o es imposible, o que nunca antes se ha hecho, o que lo hemos intentado y no funciona. Por esa razón, la publicidad negativa está tan generalizada en las campañas políticas, porque funciona.

Mi esposa Judi y yo tenemos una amiga, Jan, que estaba buscando una casa nueva en las montañas. Había visto los vecindarios y escogió una zona de casas construidas a la medida con hermosas vistas. Vio una en la Internet que parecía interesante. El agente inmobiliario le desanimó. "Esa casa lleva a la venta casi tres años. Le siguen bajando el precio. Nadie que la ve la quiere. Yo no perdería el tiempo."

Jan fue a ver otras casas, pero ninguna le gustaba del todo. Finalmente, convenció al agente inmobiliario para que le enseñara la casa que nadie quería. Construida por un artista, era una construcción muy bonita, cargada de extras por dentro y con las vistas más amplias posibles a la montaña. El corazón de Jan se aceleró hasta que giró para entrar en la cocina. Su corazón se hundió al ver lo baja y oscura que era la cocina, con una sola ventana pequeña. Jan supo en ese momento por qué no se vendía. Ninguna mujer quería pagar el precio de una casa a la medida, y tener una zona de cocina tan oscura y deprimente. Hacía que todo lo demás pareciera oscuro y encerrado.

Jan se fue a casa y se enfocó en el problema. Tenía una visión de dónde viviría y esa casa encajaba en su visión, pero tenía un fallo. Oró, se aisló, se calmó. Meditó en el problema, se enfocó y después vio lo que nadie había visto.

Ella y su esposo Bill se reunieron con el constructor y le preguntaron: "¿Qué hay encima del techo de la cocina?". El constructor se rascó la cabeza y dijo: "Bueno, realmente nada, es un espacio vacío". Así que Bill y Jan compraron la casa que nadie quería a un precio de mercado muy bajo. Lo primero que hizo Jan fue pedirle al constructor que regresara y subiera el techo de la cocina, que agrandara las ventanas del fregadero y que abriera las paredes. Abrir la habitación a las espectaculares vistas cambió la atmósfera de toda la casa. Bill y Jan se mudaron, comenzaron a conocer personas, e invitaron a los vecinos. Más de uno preguntó con un tono de estupefacción: "¡Es preciosa! Nos encantaba el sitio, ¿por qué no la compramos?".

La visión y la imaginación se producen en la quietud.

Cien personas podrían haber comprado esa casa, pero nadie vio lo que Jan vio. Ella tuvo una visión enfocada. Meditó en el problema hasta que Dios le dio la solución.

Me gusta ir a pescar. Es algo que siempre me ha gustado, pero acabo de descubrir que también me ayuda a descomprimir, así que Judi me anima a hacerlo frecuentemente. Al ir de pesca más a menudo, he aprendido sobre la dinámica tensión de una caña, la atracción de ciertos cebos, anzuelos o moscas para algunos peces en específico. He pedido a otros hombres que me enseñen a lanzar, a poner la tensión debida, y patrones de por qué y cómo muerden los peces. He visto videos de YouTube de consejos de pesca y he ido con guías a lagos y ríos de medalla de oro. Pero lo que he aprendido es que al final del día, la pesca se reduce a la persona que sostiene la caña.

Para pescar bien se requiere un enfoque total, hasta la completa exclusión de todo lo demás que nos rodea. En cualquier momento, tengo que estar listo para una mordida en el cebo. Quieto. Esperando. Enfocado.

La vida no se trata solo de la información o el entrenamiento que recibimos. Sí, todos necesitamos ayuda, entrenamiento o un mentor, pero al final, todo se trata de la ejecución. Es enfocar nuestra voluntad y nuestros deseos en la dirección del resultado que se persigue. Te puede enseñar un gran entrenador de baloncesto, pero los resultados dependen de si ejecutas o no en la cancha lo que te han enseñado. Ya sea que estemos construyendo un muro, comprando una casa o pescando, todo se trata de disciplinar nuestra vida para los resultados que queremos. Cuando te enfocas intencionalmente en las cosas con las que sueñas, *algo va a ocurrir.*

LA VISIÓN SE FORJA EN LA DISCIPLINA DE EXTRAERTE DE LO INNECESARIO.

El enfoque propulsa la visión hacia delante. Como el combustible para cohetes.

Hay un enemigo que intenta invadir tu vida mental con lo mundano, lo trivial, lo negativo. Basura. Te persigue noche y día. La visión se forja en la disciplina de extraerte de lo innecesario.

Tienes que ser como Nehemías y apartar tiempo. Acallarte. Encontrar la paz. Puede ser tarde en la noche en tu porche, o temprano en la mañana antes de que los niños se despierten. Puede ser en un lago o en las montañas, o conduciendo o en el tren. Donde sea. *Encuentra la tranquilidad.*

No tienes que buscar la presencia de Dios. Cuando haces una pausa para enfocarte en Él, su presencia te encontrará a ti. Él promete estar ahí, *siempre*. En silencio, quieto, leyendo su Palabra, meditando, pensando profundamente, todo esto abre tu corazón a su presencia que estaba ahí todo el tiempo.

Una vez que has tomado la decisión, sal con poder y *¡ponle ahínco!*

Se ha dicho: "No puedes luchar fuerte a menos que creas que estás luchando para ganar".

El mundo, el enemigo, las personas que te rodean siempre encontrarán razones para que no se haga. Debes tomar la decisión en la quietud de tu tiempo a solas con Dios. Después persíguelo con un abandono temerario... porque has encontrado tu propósito.

El éxito es el resultado de la constancia de propósito.

> Recuerda que en una carrera todos corren, pero solo una persona se lleva el premio. Tú también tienes que correr de tal manera que logres ganar. Todos los atletas practican estricto autocontrol. Lo hacen para ganar un premio que se desvanecerá, pero nosotros lo hacemos por un premio eterno. Así que yo corro directo hacia la meta, con propósito en cada paso. Yo no soy como un boxeador que da golpes al aire. Disciplino mi cuerpo como lo hace un atleta, entrenándolo para que haga lo que debe hacer. De lo contrario, temo que, después de predicarles a otros, yo mismo quede descalificado.[1]

La vida de Jesucristo en el corazón de un hombre creará sueños y deseos que son distintos a los que teníamos en una vida sin Dios. La vida de Cristo crea nuevas dianas que cambian la trayectoria de nuestras vidas. Nuestras prioridades cambian. No se trata de las cosas que todos los demás parecen querer, y que el mundo nos dice que debemos tener. La vida de Cristo en nosotros nos produce un apetito por las cosas reales, por el propósito que Él puso en nuestro interior cuando nos creó.

El poder dinámico de la vida de Jesucristo en el corazón de un hombre es el nacimiento del propósito. Su Espíritu nos ayuda a enfocar nuestra vida en ese verdadero *propósito.*

La fortaleza de Jesús cuando vivía en la tierra como un hombre era su enfoque, la intencionalidad de su vida. No había ningún movimiento malgastado. No había un momento desperdiciado. Incluso cuando tan solo estaba relajado con sus amigos. Incluso las veces en que se alejaba de las multitudes. Él siempre tenía un propósito enfocado. Le ayudaba a aquietar su humanidad y la agitación que tenía a su alrededor.

Las personas con una visión consiguen grandes cosas. Están dispuestos a trabajar por ello. Nehemías no estaba en algún tipo de gran aventura de "encontrarme a mí mismo". Tenía una visión, un propósito, y estaba ahí para realizar el trabajo. Estaba en él.

Sun Tzu, el consumado estratega militar, dijo: "Aquel que está confundido en su propósito, no puede responder a su enemigo".[2]

¿Alguna vez te has dado cuenta de cuántos hombres en un gimnasio se limitan a realizar los ejercicios de cualquier manera? Están hablando con amigos, después se cambian a otra máquina o zona de pesas, un poco desenfocados.

Ahora bien, ¿qué pasaría si le dijeras a ese tipo desenfocado que va a luchar contra Floyd Mayweather el próximo mes? ¿Crees que cambiaría su rutina de ejercicio?

La mayoría de los hombres viven sin una clara visión o propósito. Así que pierden energías con la edad, a veces incluso en su juventud. La vida baja las revoluciones hasta un pequeño paseo del sofá a la nevera, del garaje al estacionamiento. Repetición. Día tras día.

El enfoque le da al hombre cinco cosas:

Energía

Osadía

Tenacidad

Creatividad

Estrategia

Colón zarpó desde España hasta el límite de los desconocidos mares porque estaba enfocado en el premio, la diana, su visión. Navegó desde el 3 de agosto hasta el 11 de octubre. Su tripulación se inquietó, desfalleció, estaban listos para rebelarse, para navegar de vuelta a casa.

Colón escribió en su diario: "Habríamos perdido la esperanza, si no hubiera creído que iba en la dirección correcta".

El antiguo profeta Oseas dijo sobre los hombres de su tiempo: *"Miran en todas partes menos al Altísimo. Son tan inútiles como un arco torcido".*[3]

Un hombre con una visión de Dios no se detendrá. No escuchará a las personas negativas que le rodean. Llena su vida con la Palabra de Dios, con estrategias, con esperanza, con historias de grandes hombres y héroes. No se le puede disuadir. No se distraerá. Y se rodea de hombres que tengan el mismo espíritu.

Mi amigo Joel tuvo un encuentro con Dios a los dieciocho años. Comenzó a planificar, a pensar, a perseguir y a ponerse en posición para ser un ministro del evangelio. Soñaba con ello, escribía ideas y sermones en trozos de papel y en los reversos de las servilletas. Era su pasión. ¿Qué sucedió? Cosas malas. Joel asistió a un instituto bíblico con tipos que no iban en serio. Se desanimó con los líderes a los que admiraba. Se graduó y pasó por diferentes trabajos. Se sentó en los márgenes. Finalmente, fue relegado a conducir la camioneta del aeropuerto para un ministerio de televisión.

Pero, conduciendo esa camioneta, recogiendo a personas en el aeropuerto, no soltaba su sueño. Comenzó a preguntar sobre sus vidas a los líderes a los que servía, sobre su preparación, sus sueños. Buenos líderes de todo el mundo comenzaron a enseñar a Joel, a impartir en él su sabiduría, a enseñarle sobre la capacidad, la fe, la perseverancia y cómo convertirse en un siervo líder. Joel escuchaba y aprendía. Lo aceptó. Lo vio. No lo soltaría.

Actualmente, Joel es uno de los principales autores y evangelistas del mundo. ¿Cómo? Con todo su sueño y pasión, no soltó su visión. Se mantuvo enfocado. Su enfoque en Cristo y en servir a otros trajo vida a su visión… y su visión a la vida.

Era solo un conductor de un vehículo, pero hoy él y su esposa dirigen un ministerio que influye a en millones. Personas inesperadas cambian el mundo.

Si es el propósito de Dios para ti, entonces debe convertirse en *tu* propósito y en *tu* pasión. Dios te dará la fortaleza, pero tú tienes que hacer el trabajo. Por eso necesitas el lugar de quietud. Aléjate y enfócate profundamente, o tu sueño no se cumplirá.

Me he reunido con incontables hombres en todo el mundo que me han hablado acerca de sus sueños, sus deseos, de lo que quieren hacer. Mi pregunta es siempre: "¿Qué has hecho para comenzar el proceso?".

Los soñadores hacen que el mundo sea bonito, pero los visionarios cambian el rumbo de la historia.

Nehemías salió avanzada la noche. Después de tres días de descanso y de aclimatarse, salió cuando nadie le veía. Tomó a unos cuantos de sus ayudantes y supervisaron toda la ciudad. Los lugareños estaban dormidos. Llevaban dormidos noventa y dos años.

Tras recorrer la ciudad, tras llegar a un lugar de claridad y perspectiva, tras enfocar su corazón y su espíritu, al día siguiente Nehemías hizo su declaración.

"¡Vamos a reconstruir Jerusalén!".

Después comenzó… y fue imparable.

13

DESILUSIÓN

"Tú no lo entiendes".

"¿Qué es lo que no entiendo?", le dije a Jeremy mientras salíamos de otra poderosa reunión de domingo en la iglesia.

Sus hombros estaban caídos. Estaba pensativo, callado.

"Ya sabes, me implico al máximo. Ir a la iglesia y todo eso. Me levanta, pero después me estrello y me quemo antes incluso de salir del edificio. Siento que puedo hacerlo, pero siento también que soy un fracaso".

"¿Qué te hace sentir que eres un fracaso?".

Jeremy se calló. Un joven de unos veintitantos años con un talento tremendo, nunca había tenido un papá que fuera su mentor, o incluso que pasara tiempo con él. Tenía un vacío. El enemigo intentaba llenarlo con una identidad negativa. Siempre que tocábamos algo profundo, se callaba.

Sus desilusiones en la vida, con su padre, con otros y principalmente consigo mismo habían creado en él un matorral espinoso de heridas emocionales del cual no se podía desenredar. Sus desilusiones se habían convertido en su identidad.

La desilusión es de lo que escribió David en el Salmo 23: "... *valle de sombra de muerte*". No es el valle de la *muerte*, sino de *sombra* de muerte. Las desilusiones no son mortales, pero tienen la sombra de muerte en ellas. Cuando vivimos como si las sombras contuvieran algo de muerte, damos poder a la oscuridad.

LAS DESILUSIONES NO SON MORTALES, PERO TIENEN LA SOMBRA DE MUERTE EN ELLAS.

El apóstol Pablo le dijo a su joven pupilo Timoteo: "Dios no te dio un espíritu de temor, sino de poder, amor y sabiduría".[1]

Jeremy y yo fuimos a correr bicicleta en la montaña alrededor del lago Grapevine más tarde esa semana. Al detenernos para tomar algo de agua y una bebida energética, hablé con él sobre el poder del perdón y el camino hacia la libertad. Esto es lo más interesante: lo que Jeremy había hecho era perdonar a otros, pero nunca a sí mismo. Ese día en un claro junto al lago, Jeremy hizo una pequeña oración y tuvo un encuentro gigante. Cuando Jeremy se perdonó a sí mismo, en base a las promesas de Dios, algo se rompió. Salió de las sombras.

Al hacerlo, también perdonó a sus maestros, jefes, amigos, la escuela, su camión; quiero decir, todo en lo que pensaba, lo sacaba. Como una barrena limpia tuberías, el Espíritu Santo limpió la desilusión que había manchado su filtro interior. Jeremy se humilló, se perdonó y liberó su capacidad para escuchar la verdad sin que su corazón se llenara de desilusión. La Biblia dice que Jesús vino como la luz. En Cristo no hay sombras.

Jeremy *había* acampado en el valle de sombra de muerte. Pero se levantó y salió de ahí.

No temas a la sombra.

Cuando Nehemías llegó a Jerusalén, descubrió cientos de personas viviendo en la zona decrépita. Algunos se habían llevado las piedras de las murallas rotas y habían construido casas para sí mismos. Para ellos, las piedras de los muros eran solo rocas. La ciudad desolada estaba en desorden. Olía por el hedor de la desilusión y la desesperación.

El plan de Nehemías no incluía llevar trabajadores con él porque ya había suficientes allí. Así que ¿por qué no la habían reconstruido ya? Los muros habían estado caídos durante más de noventa años. El pueblo había llorado, clamado y se había quejado por ello... *pero nadie había hecho nada al respecto.*

Quizá por eso Nehemías había estado tan angustiado cuando oyó de las ruinas en Persia. Esperaba oír que los hombres que habían dicho que reconstruirían verdaderamente estaban trabajando en ello. Pero no se había hecho nada. El deterioro empeoraba cada día sin que nadie se acercara a ayudar.

Nehemías sintió el agónico pinchazo de la desilusión. Probó la amargura de su veneno. Estaba caminando por la sombra de muerte. Era penetrante.

La desilusión no está basada en lo que encuentras,
sino en lo que esperabas encontrar.
La desilusión no está basada en dónde estás,
sino en dónde esperabas estar.

Si esperabas a estas alturas ser el director de una empresa, pero la realidad es que estás trabajando en el almacén, estás desilusionado. Si esperabas que tu matrimonio durase, pero la realidad es que fracasó, estás desilusionado. Si pensabas haber terminado ya con los estudios, pero la realidad es que te queda mucho para terminar, estás desilusionado.

El nivel de desilusión en la vida de un hombre está basado en la brecha entre la expectativa y la realidad.

Cuanto mayor sea la brecha entre la expectativa y la realidad, mayor es el grado de desilusión. La brecha se convierte en tu valle, con la sombra de muerte.

La desilusión, cuando se mantiene, se convierte en desánimo. Un hombre desanimado deja de operar en la realidad, porque la realidad es demasiado dolorosa. Pierde la esperanza. Así que, en su desánimo, desconecta. Su desconexión lleva a la depresión, donde ya no intenta vivir para ser positivo. Y finalmente el enemigo gana y su sueño muere.

El patrón es: desilusión, desánimo, desconexión, depresión, defunción (muerte).

Jeremy había permitido que su desilusión lo definiera. Aceptar esa falsa definición de él mismo le había metido en un patrón hacia la muerte. Solo Dios puede rescatar a un hombre de la tenaza de ese patrón.

La desilusión llega a la vida de todo hombre, pero el efecto de la desilusión está polarizado: o bien te inclinas hacia Dios, o te inclinas hacia el desánimo. Tú escoges.

Jesús vino para ser el camino que te saca del valle. Él es el camino, no hay otro.

Jedaías había vivido cerca de las murallas derribadas de Jerusalén toda su vida. Pasaba junto a ellas todos los días. De pequeño tiraba piedras y jugaba con los montones. Corría por los inestables bastiones hasta que una de las mamás del vecindario les gritaba a él y a sus amigos para que se bajaran. A veces se preguntaba por qué nunca las arreglaban. Pero eran fantásticas para escalarlas.

Cuando Jedaías creció, aceptó la valoración negativa que oyó de su padre y de los vecinos. Arreglarla es demasiado costoso. No tenemos las herramientas necesarias. Nunca la terminaremos. Ha pasado mucho tiempo y quizá no seremos capaces de repararla. Cientos de razones para no comenzar. Algunas legítimas, como "nuestros enemigos vendrán y nos matarán por reconstruirlas".

Durante más de noventa años las excusas fueron creciendo cada vez más, mientras la que en su tiempo fue una ciudad orgullosa se descompuso hasta ser polvo.

En 1974, una ciudad costera de Chipre fue abandonada durante la invasión turca. Varosha era uno de los centros turísticos más hermosos del mundo, un lugar de fiesta para los ricos. Al día de hoy, es una ciudad llena de rascacielos y vecindarios, concesionarios de automóviles y mercados. Pero están abandonados. Durante los años de guerra, los militares pusieron un vallado alrededor de la ciudad. Ahora, la que fuera una ciudad próspera está en ruinas. Ya no se puede reconstruir. Solo se puede derribar y volver a edificar desde cero. Los turistas ahora miran boquiabiertos las ruinas, a través de la valla. En tan solo cuarenta años, toda la ciudad, al abandonarla, se ha desmoronado, no por las bombas, sino solo por abandonarla.

Las cosas que se abandonan decaen por naturaleza. Deja de cuidar tu patio durante un mes, o tu automóvil durante un año, o tu matrimonio durante...

Los propios hijos de Jedaías habían crecido ahora jugando en las rocas derribadas de Jerusalén. Él siempre había creído que un día los líderes comenzarían a reconstruir las murallas. Todos a su alrededor eran negativos, pero durante su adolescencia, algunos de sus amigos pensaban que se podía hacer. Habían hablado muchas veces de ello, pero nada había ocurrido. Ahora, sus hijos usan la sección cercana de rocas caídas como un lugar de reunión y para reunirse con los vecinos. Jedaías observó que ninguno de estos chicos parecían hablar nunca de ello. Las generaciones se estaban sucediendo con menos y menos preocupación aparente. Se sentaban sobre las piedras que si alguien las agarraba, podría hacer con ellas una muralla o una casa.

LAS SOMBRAS LES QUITAN EL COLOR A TUS SUEÑOS.

Para Jedaías, las murallas rotas se convirtieron en una molestia diaria, un recordatorio diario de su ineficacia. Las murallas que deberían haber contenido sus sueños se convirtieron en la fuente de su desesperación. Se desilusionó de los que le rodeaban. Desilusionado con las circunstancias, desilusionado con Dios.

Conocía las Escrituras y los salmos de David. Sabía muy bien que el Señor era su Pastor, que Dios les protegería, que Él siempre les cubriría. A la vez, en algún lugar de la desesperanza de lo que vería cada día, Jedaías perdió la visión que David había escrito: "Aunque ande en valle de sombra de muerte, mi Dios estará conmigo".[2] En vez de la sombra de muerte, Jedaías había abrazado una muerte real: la muerte de un sueño.

Todos caminamos por valles en nuestras vidas. Pero escalar para llegar al otro lado del valle es la única manera de llegar a las cimas de las montañas. Esos valles no son un lugar para acampar. No nos quedamos en la sombra del valle. Caminamos *a través* del valle.

A menos que tratemos con ella, la sombra de la desilusión nos seguirá, bloqueándonos la luz de la presencia de Dios. Conozco a hombres que se han mudado a otras ciudades, han cambiado de trabajo, incluso han cambiado de esposa intentando alejarse de las sombras... pero las sombras les siguen. Las sombras les quitan el color a tus sueños.

Jesús les decía a sus amigos de forma regular: "No se desanimen. No tengan miedo. No estén ansiosos. Yo estoy aquí. Y mi paz estará con ustedes. Mi poder les sostendrá. Estén llenos de esperanza".[3] Por rutina, Jesús enseñó a sus seguidores acerca de la esperanza y acerca de no caer víctimas de la negatividad de la cultura o de las personas que les rodeaban.

Nehemías llegó y oyó la desesperanza de los lugareños. Estaba desconsolado. Después de todos esos años, después de todos los grupos de personas que dijeron que iban a hacer algo, esperaba oír que alguien había estado trabajando al menos en una parte del muro. En su desilusión, Nehemías se inclinó hacia Dios. La esperanza comenzó a penetrar en las sombras.

En cuestión de días, el espíritu quebrantado de Nehemías dio a luz a la reconstrucción de las murallas rotas.

Nehemías anunció que iban a reconstruir las murallas. Tenía cartas de autoridad en su mano y un ejército detrás de él. Las personas se maravillaron de su audacia. Algunos se emocionaron. La esperanza comenzó a disipar la atmósfera espiritual oscurecida. Jedaías oyó las buenas noticias, superó su temor y comenzó.

Jedaías estaba listo para trabajar. Tan solo necesitaba a alguien con visión que le ayudara a recuperar su ánimo y vencer la desilusión. Su sueño volvió a vibrar una vez más. Las esperanzas de su juventud cobraron vida.

Se fue a casa, reunió a sus hijos y a sus amigos, y comenzó en esa parte rota del muro que había justo enfrente de su casa. Los juegos, pasar el rato, el tendedero de su esposa, todo se venía abajo *y la muralla crecía.*

Jesús vino como la Esperanza. La esperanza siempre vence a la desilusión.

Las personas hechas pedazos viven junto a murallas rotas. Las murallas rotas son un símbolo de sueños destrozados y corazones rotos.

Pablo escribió esto a los romanos sobre vencer la desilusión:

> *También nos alegramos al enfrentar pruebas y dificultades porque sabemos que nos ayudan a desarrollar resistencia. Y la resistencia desarrolla firmeza de carácter, y el carácter fortalece nuestra esperanza segura de salvación. Y esa esperanza no acabará en desilusión. Pues sabemos con cuánta ternura nos ama Dios, porque nos ha dado el Espíritu Santo para llenar nuestro corazón con su amor.*[4]

Sal de las sombras. La esperanza ha llegado.

La esperanza se llama Jesús.

14 DISTRACCIÓN

El clásico escritor estadounidense John Steinbeck, al mirar hacia atrás a un periodo de creatividad en declive, escribió: "Las cosas verdaderas desaparecieron gradualmente y brillantes cosas fáciles ocuparon su lugar".[1]

Siempre aparece algo más brillante, más nuevo, más atractivo, más fácil. Nos distraemos fácilmente.

En una cena con amigos una noche, uno de los hombres dijo: "Mi nuevo proyecto sería tremendo, pero sigo desviándome. Pienso que padezco severamente de ADD" (Trastorno por déficit de atención).

Sin menospreciar a los que han sido diagnosticados con esa condición, parece que todo el mundo sufre de ADD. Se ha convertido en un cliché para aquellos que se distraen fácilmente, que parecen ser todos. Ciertamente a veces me siento así.

Unos minutos después en la misma cena alguien me estaba contando una historia, y el mismo hombre que se había quejado de desviarse dijo sin prestar atención: "Espera, estaba distraído, ¿qué acabas de decir?". Todos nos reímos.

La distracción es el martillo del enemigo.

Tenía un amigo íntimo que era un orador fascinante, pastor de una iglesia influyente, un hombre hecho y derecho, un verdadero amigo. Siempre tenía una palabra de ánimo preparada en el momento oportuno. Según se iba haciendo cada vez más conocido en la nación, y después en todo el mundo, pasábamos tiempo juntos, cenas con nuestras esposas, viajes juntos como parejas. Siempre teníamos conversaciones fascinantes y significativas. Le encantaba lo que estaba haciendo y le encantaban las personas. Y después... todo se vino abajo.

Se distrajo. No fue la fama ni los elogios. No fue ninguna aventura amorosa ni el mal uso del dinero. Fue el amor al dinero. Se enamoró de lo que podía comprar. Le sobrecogió. Su sueño como joven propietario de negocios había sido convertirse en una persona rica. Después le entregó su vida a Cristo y comenzó a invertir su tiempo en ministrar a otros. Su pastor descubrió que era un predicador nato y le ayudó a perfeccionar sus dotes de oratoria. Enseguida mi amigo se dispuso a ser pastor a tiempo completo, llevando a su esposa y a sus hijos con él. Fue un gran paso de fe, pero estaban teniendo un éxito asombroso.

En todo ese tiempo, nunca resolvió el deseo de su juventud de tener dinero. No se pudo conformar con la persecución de la verdadera riqueza.[2] Quería dinero y quería lo que el dinero podía comprar aquí, ahora. El viejo sueño volvió a cobrar vida.

Las noches del domingo veía *Lifestyles of the Rich and Famous* (Estilos de vida de los ricos y famosos). Él lo justificaba, diciendo que le ayudaba a relajarse después de un día de ministrar. Se alimentaba de las opulentas imágenes y la avaricia se infiltró en su vida, una enorme distracción que abrió su corazón a otros excesos. El resultado fue un lento declive de su carácter, su iglesia, sus amigos íntimos y finalmente su matrimonio. La distracción produjo la muerte.

El 5 de junio de 1976, se terminó de construir la Represa de Teton, en Idaho, de 305 pies (92,64 metros) de altura, y el gigantesco lago comenzó a llenarse de agua. Lo que no vieron los ingenieros fue que la estructura de 100 millones de dólares se había debilitado por las pequeñas grietas en la subestructura. Los cimientos cedieron y comenzaron a aparecer pequeñas filtraciones. No parecían ser un problema, hasta que la represa se derrumbó, liberando 300 mil millones de litros de agua que barrieron el cañón y aplastaron más de 300 millas cuadradas (777 kilómetros cuadrados) de tierra y ciudades. Once personas murieron.

Pequeñas filtraciones, pequeñas distracciones. No parecen mucho... pero pueden derribar tus sueños.

Nehemías fue a Jerusalén con una batalla bastante dura en sus manos: reconstruir los muros. Después, en medio de la pelea, el enemigo intentó todas las tentaciones y estrategias posibles para distraerle.

Los líderes de la región no querían una Jerusalén fuerte. Sabían que ellos eran más fuertes y que tenían más poder sobre el pueblo cuando Jerusalén estaba derruida. Así que enviaron cartas a Nehemías. Hicieron acusaciones, amenazas de guerras, se burlaron de los trabajadores locales, apilaron mofas sobre Nehemías y sus líderes.

CUANTO MÁS CLARAMENTE VEMOS NUESTRO PROPÓSITO, MÁS MERECE LA PENA LUCHAR POR ÉL.

Años después, las personas decían decía muchas cosas sobre Jesús. Él les ignoraba, o les enseñaba... pero nunca consiguieron desviarlo de su rumbo. Él no se distrajo.

Nehemías tuvo que resistir las tentaciones. Era una gran batalla.

La Biblia nos enseña a resistir los ataques del enemigo. Podríamos pensar que el enemigo va a afligirnos con grandes barreras de enfermedad o grandes problemas económicos o estrés. Pero las pequeñas distracciones es algo mucho más común. Las distracciones han destruido a los hombres más poderosos.

¿Cómo resistimos la distracción? Nuestra primera lucha y más importante está en nuestro propio corazón. Tenemos que resolver el propósito de nuestras vidas, y desechar lo que no encaja. Accedemos al poder de la presencia de Dios para conseguir claridad. Cuanto más claramente vemos nuestro propósito, más merece la pena luchar por él. Recuerda: *la victoria está siempre al otro lado de una lucha.*

Resistimos la distracción mirando hacia delante, prosiguiendo, trabajando duro. Resistimos la tentación enfocando nuestro corazón en nuestro propósito. Resistimos la tentación teniendo una resolución firme.

Este soy yo.

Esto es lo que pretendo.

No me lo negarán.

Cada persona se encuentra con distracciones. Incluso cosas buenas pueden ser distracciones cuando están fuera de nuestro propósito. Debemos estar listos para luchar contra la distracción durante toda nuestra vida.

Lo que marca a un hombre que consigue sus sueños es la callada decisión de seguir avanzando hacia ellos. De deshacerse de las distracciones de las conversaciones negativas, de derrotas y heridas, de errores y tentaciones. De caminar a través de los valles.

Los discípulos sufrían distracciones constantemente, pero lucharon para mantenerse en su rumbo. Ser un *discípulo* significa practicar la *disciplina*. Esa es la esencia de un discípulo; no alguien que es perfecto, sino un hombre que disciplinará su vida, que luchará por ella. Un atleta no se disciplina porque se odie a sí mismo, sino porque quiere ganar. La disciplina derrota a la distracción.

Lucha contra las pequeñas distracciones. Disciplínate y derrota.

15 TENTACIÓN

"La esencia de la tentación es que es tentadora". Incluso al traducirlo, provocó la risa de un grupo de hombres a los que estaba hablando en Brasil. Es cierto en todas partes, en todo el mundo. La tentación es tentadora.

Piensa en ello. Cuando no eras un seguidor de Cristo, realmente no lidiabas con la tentación. De hecho, antes de ser cristiano tú probablemente no lo llamabas "tentación". Lo llamabas "oportunidad".

La Biblia nos dice que cada hombre es tentado. Incluso Jesús fue tentado. Este es el asunto que enfrentamos la mayoría de los hombres cristianos: equiparamos la tentación al pecado. Igualamos la tentación a meter la pata. Pero la tentación no es pecado; la tentación es lo que produce el pecado.

Si la tentación fuera pecado, entonces Jesús habría pecado. Jesús nunca pecó.

La Biblia dice que Jesús fue tentado. Eso significa que realmente había algo que quería, algo que su humanidad deseaba.

Mira lo que Satanás ofreció a Jesús para tentarlo. Jesús había estado ayunando, así que había estado hambriento durante varios

LA TENTACIÓN NO ES PECADO; LA TENTACIÓN ES LO QUE PRODUCE EL PECADO.

días. Satanás le ofreció pan, o al menos una manera de conseguir pan. Cuestionando su identidad y sus motivos, Satanás dijo: "¿Por qué no conviertes algunas de estas piedras en pan?". Era tentador. En su cuerpo físico, Jesús tenía hambre.

Inmediatamente Jesús modeló para todos nosotros cómo vencer la tentación: con la Palabra de Dios. Jesús citó las Escrituras. "¡No! Las Escrituras dicen: 'La gente no vive solo de pan, sino de cada palabra que sale de la boca de Dios'".[1]

Jesús estaba hablando de ti y de mí espiritualmente. Nuestro pan, nuestra comida, es literalmente su Palabra. Su Palabra nos sostiene, nos hace crecer, nos alimenta, nos fortalece.

David escribió: *"He guardado tu palabra en mi corazón, para no pecar contra ti"*.[2] Básicamente dijo: "La única forma de que pueda vencer la tentación es tener un fuerte cimiento de la presencia de Dios en mi corazón y mi vida. Su Palabra protege mi corazón".

Satanás después le ofreció a Jesús dos tentaciones más. Una fue lanzarse desde una torre alta para demostrar quién era. Pero Jesús estaba seguro en su identidad. No necesitaba demostrar nada. Cuando tú sabes quién eres, no tienes que demostrarlo, tan solo vives como tal. Y esa es la prueba. De nuevo, Jesús declaró la Palabra de Dios.

Después llegó la más grande, la tentación final que Satanás sabía que funcionaría. Era su truco. El enemigo le enseñó a Jesús los reinos del mundo y toda la agitación, degradación y dolor. Le mostró a Jesús el abuso que los niños recibían, hombres que eran traicionados, mujeres siendo abusadas, y familias destrozadas. Esto no fue una serie de fotografías de unas vacaciones, castillos y lagos y parques de atracciones. Él le mostró a Jesús todo lo que le estaba ocurriendo a la creación de Dios. Esto era devastador.

Satanás dijo: "Oye, te daré todo el mundo si tan solo me adoras". Esta quizá fue la tentación más difícil de todas, pasar por alto la cruz y todo el dolor personal, y detener el dolor de todos los demás. Para un hombre con un corazón lleno de amor y compasión, esta tentación fue muy real.

Pero Jesús estaba totalmente comprometido. Él dijo: "Satanás, vete de aquí. La Palabra dice que se debe adorar solo al Señor tu Dios, y solo a Él servirle".[3] Satanás se fue. Jesús venció. La Palabra de Dios produjo victoria.

Cada tentación de Cristo fue un ataque contra su identidad. La serie de ataques comenzó con: "Si eres el Cristo". Satanás siempre está atacando tu identidad porque de tu identidad provienen tus decisiones y tu destino. Cada tentación es un ataque para hacerte negar quién eres como hombre, negar tus valores y negar a Cristo.

La tentación es tentadora. Es una lucha. Jesús tuvo que luchar. Tú también lo harás. Pero el hecho de que hayas sido tentado no significa que hayas pecado. No aceptes las acusaciones del enemigo. Usa la Palabra de Dios como un arma poderosa.

Iba en un vuelo a Atlanta y observé al hombre sentado a mi lado, pues parecía inquieto, como si algo no fuese bien. Yo no quería hablar, no me apetecía, pero sentí que el Señor me dirigía a hacerlo. Tomé una taza de café tibio de la aerolínea y me lancé. Fue el inicio de conversación más torpe del mundo:

"¿Adónde se dirige?", y él me lo dijo. Después se quedó callado.

Bueno, vale, quizá yo estoy desconectado. Doy un sorbo del café. Reviso mi espíritu. No.

"¿A qué se dedica?", y me lo dijo. Más silencio.

¡Vamos! El Señor no me dejaba zafarme, seguía impulsando mi corazón.

"Entonces, ¿le gusta lo que hace? ¿Se siente realizado?".

Y entonces, comenzó a salir. Robert comenzó a contarme sus luchas en el trabajo. Tras un rato dije: "Pero hombre, eso no parece tan malo. Parece difícil, pero son cosas normales de los negocios. Me parece que hay algo más que realmente le está incomodando. ¿Qué es?".

Un riesgo real, pero me sentí empujado a asumirlo.

"Bueno, mi esposa me trajo al aeropuerto para tomar este vuelo, y mientras entraba, me llamó mi novia. Quiere que estemos mucho más tiempo juntos cuando regrese. Mi esposa ha planeado una fiesta para nuestros hijos. Es un lío. No sé por qué le estoy contando esto".

"Yo sí", le dije. "Soy especialista en estas cosas".

Durante una hora estuvimos hablando, y terminamos con un tiempo de oración. Mientras salíamos del avión, me acerqué con Robert a un lado. Llamó a la novia y le dijo que lo dejaba, que se acababa todo. Después llamó a su esposa. Robert lo estaba arreglando. Yo estaba ahí de pie viéndolo con su teléfono, sabiendo que yo nunca olvidaría ese momento. Un extraño al que acababa de conocer, pero ahora un hermano en Cristo.

Robert había estado en una guerra sin las armas correctas. Intentar ganar las batallas por su propia fuerza era imposible. Tras ser derrotado, sentirse desanimado, furioso consigo mismo y haberse desahogado con otros, finalmente había conseguido ganar.

Nos intercambiamos la información de contacto, así que hice un seguimiento con él unas semanas después. Estaba sonriendo. La vida era buena. Acababa de comprar una nueva compañía con algunos socios, y su familia se estaba mudando. Su esposa rebosaba de alegría. Él era libre.

La tentación le llega a cada hombre. Tienes que tener las armas correctas para luchar, y después tienes que luchar. Debes estar a la altura del reto, incluso cuando no quieras. Por eso Dios envió a su Espíritu para ser parte de la vida de cada hombre que sigue a Jesús. Tenemos un arma secreta. Es como ser Tony Stark y ponerte tu traje de Ironman como armadura. Dejas de ser presa del enemigo y ahora eres peligroso para el enemigo. (Lee sobre cómo ponerse la armadura de Dios en Efesios capítulo 6).

En cada instante, el enemigo está intentando matarte. Él viene como un ladrón y destructor. Quiere destruir tus sueños, tu familia, tu vida, tu futuro. "Todos los pecados prometen agradar y servir, pero solo desean esclavizar y dominar", me enseñó mi padre. Esa mujer que quiere pasar un tiempo contigo es un plan del enemigo. Puede que sea una buena persona, pero ella misma está atrapada en una trama mayor. ¡Sal de ahí! ¡Corre!

La tentación no es pecado. Es lo que haces con ella lo que te hace pecar. No bajes la guardia. Permanece alerta. Toma la Palabra en tu corazón y mantenla viva.

He visto a muchos hombres sucumbir a la tentación porque estaban cansados. Un extraño me enseñó algo sobre esto. En otro vuelo, esta vez a Florida, tuve una conversación con una mujer madura mientras se dirigía a pasar unas vacaciones de cuatro días en Miami. Ella me contó su historia.

Su esposo había sido promotor en Nevada. Cuando murió, las personas del entorno de ella le dijeron que vendiera la empresa. Ella iba a hacerlo, y conduciendo por la carretera hacia la reunión, supo en su corazón que ella podía dirigir la empresa. Si era tan valiosa, pensó, debería conservarla. Y lo hizo. Pero el estrés era algo nuevo para ella y casi la agobió desde el inicio. Así que comenzó un patrón de tratar con el estrés. Cada mes, se toma cuatro días de vacaciones. A veces con amigos, a veces sola. A veces cerca, a veces lejos. Durante las dos semanas después del corto tiempo fuera, se refresca mientras trabaja. Durante los siguientes diez días, ya está pensando en la siguiente escapada. Nunca se me olvidó eso.

Un mentor de negocios que tuve hace años me dijo: "Puedo hacer doce meses de trabajo en once meses, pero no puedo hacer doce meses de trabajo en doce meses".

Judi y yo hemos practicado esto. A veces tomamos una salida corta de una noche o unos días de refrigerio. También planificamos tiempos anuales de refrigerio. Pescar es algo que incluyo en mi horario. No es solo un hobby; es una forma de renovarme. También me siento en mi porche trasero algunas mañanas cada vez que estoy en casa y paso tiempo leyendo. Calmo mi espíritu, descanso mi alma y recupero energías para el siguiente empuje.

Cuando llegan las luchas, estoy descansado, preparado.

Haz esto. No tiene que ser costoso. Judi y yo hemos tenido algunas salidas muy frugales. Vamos a algún lugar que no sea caro, nos sentamos en la terraza de un buen complejo vacacional y nos pedimos un plato de queso. Disfrutamos del ambiente, la quietud, la belleza... pero solo pagamos un plato de queso. (Nuestro pequeño secreto, que ahora es tuyo).

¿Cuán pesado fue para Jesús este tiempo de ayuno y tentación y lucha con Satanás? Creo que fue un duro combate, porque en cuanto llegó a casa de la pelea, se fue a otra ciudad. Dejó la polvorienta aldea interior de Nazaret para irse a Capernaúm a orillas de un lago. El nombre "Capernaúm" significa "lugar de refrigerio". Una dura lucha y una sabia respuesta.

Tienes que luchar. No te queda otra opción. Escribí en mi libro *Daring* que naciste en un mundo en guerra. Y como has estado en una lucha, necesitas descansar. Ningún luchador profesional o equipo deportivo va al siguiente combate o partido sin descansar. Se renuevan. Tú también necesitas eso.

Lucha. Descansa. Renueva. Vuelve a luchar.

Pero hay una realidad más que Robert aprendió cuando nos conocimos en ese vuelo. Si caes en la tentación, tenemos la palabra de Dios de que Él nos perdonará. Un amigo lo dijo bien: "Cuando metas la pata, arrepiéntete, ¡y arrepiéntete rápido!". No te tienes que sentir mal una semana, o dos semanas, intentando justificar la gracia de Dios o quedar bien a ojos de Dios. Dios no está buscando algún tipo de pago religioso o una demostración de piedad. Jesús ya pagó. Así que arrepiéntete, levántate, y sigue hacia delante.

Uno de los pasajes bíblicos que me da fuerza diaria es Salmos 37:23-24. Dice: "*El Señor dirige los pasos de los justos; se deleita en cada detalle de su vida. Aunque tropiecen, nunca caerán, porque el Señor los sostiene de la mano".*[4]

Dios nos conoce. Él conoce nuestras cosas. Él no dijo *si* tropezamos, sino que dijo *aunque* tropecemos. Todos metemos la pata. Y Dios siempre está ahí para ayudarnos. Él dijo: "*pero si confesamos nuestros pecados a Dios, él es fiel y justo para perdonarnos nuestros pecados y limpiarnos de toda maldad".*[5]

La tentación le llega a cada hombre. Vencemos la tentación con la Palabra de Dios. Si tropezamos, nos arrepentimos. Él es un Dios que es fiel en perdonar.

16

ESTRATEGIA

Cuando llegó Nehemías, llegó la esperanza. Tenía un ejército, tenía el favor del rey, tenía algo de dinero y tenía una estrategia. La estrategia supera a la pasión.

Jedaías y sus hijos emplearon muchas horas, animados por Nehemías y las provisiones que tenía. Todo el vecindario se unió para ayudar. En un lado, Refaías, el alcalde de una sección de la ciudad, dirigía cuadrillas para empezar a construir. Al lado de Refaías, el perfumador llamado Hananías salió en el asfixiante polvo y calor para comenzar a construir, lo cual sorprendió y a la vez animó a sus vecinos. A su otro lado, el viejo amigo de Jedaías, Hatús, puso a su familia y vecinos a trabajar. Dos secciones más allá de él, Salum y sus hijas estaban trabajando. La camaradería aumentaba a medida que todos trabajaban hacia un propósito y admiraban el trabajo que sus amigos estaban haciendo en su lado. ¡La muralla se estaba levantando!

Mi amigo Geoff Gorsuch escribió en su gran libro *¡Brothers!*: "Las mujeres se hacen amigas cara a cara, pero los hombres se hacen amigos hombro a hombro ante un desafío".[1] El pueblo se estaba convirtiendo en una fuerza... por el poder de la visión de un hombre.

Y entonces...

Cincuenta y dos días después de comenzar, el pueblo *terminó*.

La muralla había estado destruida durante más de noventa años. La reconstruyeron en cincuenta y dos días. No fue fácil. Fue una lucha. Se enfrentaron a muchos obstáculos, pero lo imposible fue posible para una comunidad de trabajadores dispuestos con una visión compartida.

Nehemías añadió sabiduría a su equipo y creó una estrategia. De los proverbios de Salomón aprendemos que lo primero que Dios creó fue sabiduría.[2] La sabiduría es la artífice de toda la creación. La sabiduría nos da la capacidad de tomar la decisión correcta en base al pleno conocimiento y entendimiento. Debemos obtener sabiduría antes de obtener cualquier otra cosa. Es "*...ante todo*".[3]

Existe un gran abismo entre los tipos de sabiduría que tienen las personas. Los contrabandistas de diamantes son sabios con respecto a sus rutas y a evitar que los atrapen. Los traficantes de drogas muestran sabiduría al formar mercados y manipular a las personas. Eso es sabiduría terrenal. Es algo finito, basado en el entendimiento humano. La sabiduría de Dios tiene un fundamento justo y produce resultados buenos y duraderos que benefician a todos.

> *Pero, si ustedes tienen envidias amargas y rivalidades en el corazón, dejen de presumir y de faltar a la verdad. Esa no es la "sabiduría" que desciende del cielo, sino que es terrenal, puramente humana y diabólica.*[4]

> *Para nosotros, el motivo de satisfacción es el testimonio de nuestra conciencia: Nos hemos comportado en el mundo, y especialmente entre ustedes, con la santidad y sinceridad que vienen de Dios. Nuestra conducta no se ha ajustado a la sabiduría humana, sino a la gracia de Dios.*[5]

Lo interesante de la sabiduría terrenal es que muy a menudo parece acertada. Nosotros como hombres necesitamos detenernos y decir: "Espera, ¿he orado acerca de esto, es esto realmente una buena idea?".

Un amigo me llevó a comer y me dijo: "Gran parte de lo que hago parece que realmente sé lo que estoy haciendo, pero después ves empresas, grandes empresas, que quiebran, grandes parejas que se divorcian, hijos de buenas personas que se meten en las drogas. Millones de automóviles son retirados por varias causas. Y ya no hablemos del gobierno...".

"Kyle, eres una persona exitosa, lo logras en todos los niveles". No lo dije solo porque me pagó la comida, sino porque realmente lo es.

"Lo sé, lo sé, pero eso es tan solo Santiago 1:5. Si necesitas sabiduría, pídesela a nuestro generoso Dios, y Él te la dará. Él no te reprenderá por pedírsela. No debes tener miedo de pedirla".

"Sabes, tienes razón, a muchos hombres les da miedo que les reprendan". Comencé a pensar en un joven con el que recientemente me había tomado un café y que había tomado una mala decisión tras otra.

"Mira, comparado con los ejecutivos con los que trabajo, yo no crecí en la familia correcta, ni viví en la ciudad adecuada, ni fui a la escuela más apropiada", dijo Kyle. "En un sentido, no encajo aquí. Y fue difícil para mí aprender que Dios no iba a dejarme solo porque yo admitiera que no tenía la respuesta correcta. Pero cuando superé eso, obtuve una fuente inagotable de sabiduría que otros no tienen. Se me conoce en mi línea de trabajo por hacer lo correcto en el momento apropiado. Eso es lo que te da la sabiduría".

Kyle me da constantemente buenos consejos y ensancha mi corazón. Le pregunté: "Un joven vino a mí pidiéndome consejo. Parecía incapaz de tomar una buena decisión. ¿Podría contarle tu historia?".

"Claro que sí, hombre. Envíamelo y yo se la contaré si a ti no te escucha. Es bastante obvio que Dios sabe más. Dios no se burla de nosotros. Ese chico solo tiene que *pedir*".

Salí hacia mi automóvil y busqué la palabra "burlarse". Kyle estirándome de nuevo. Después me dirigí a mi siguiente reunión con el joven sin objetivo al que estaba mentoreando.

Le había dado una Biblia y le destaqué Proverbios y Salmos. Animo a los hombres a leer Proverbios cada mañana, en base al día del mes: Proverbios 11 el undécimo día del mes, y así. Y les animo a leer Salmos por la noche para obtener valor.

Mi padre me enseñó eso. Después, cuando comencé en los negocios siendo un joven emprendedor, papá me enseñó que la sabiduría divina produce la estrategia correcta, y la estrategia correcta produce la victoria. Dependiendo de quién seas, la victoria podría significar un mejor balance, o armonía en tu familia, o alguna gran victoria. Cualquiera que sea el obstáculo, la sabiduría produce la estrategia para vencer y ganar la victoria.

La estrategia de Nehemías funcionó muy bien, la tarea que las personas pensaban que era imposible durante casi cien años se realizó en menos de dos meses. Parte de esa estrategia fue dejar que todos trabajaran en su parte del proyecto como pudieran. Los hombres que sabían mezclar bien el cemento hacían eso, los hombres que eran buenos rompiendo piedras hacían eso, y a medida que cada uno trabajaba usando su don, la muralla iba creciendo *rápidamente*.

El acuerdo produce poder. Fue así para Nehemías, es así para tu empresa, así en tu iglesia y así en tu familia. El acuerdo como padres produce armonía y autoridad en el hogar. El acuerdo como líderes de iglesia produce un alcance poderoso. Dondequiera que haya un desacuerdo fundamental, la sabiduría se pierde. Jesús mismo enseñó que el desacuerdo da como resultado una falta de poder, pero el acuerdo produce poder.[6]

Ese día, tenía que ayudar al joven a aprender a pedir sabiduría como lo hacía Kyle, para que pudiera conseguir una estrategia para llegar a su lugar de victoria. Y tenía que ponerse de acuerdo con su propio sueño. Él era como muchos otros hombres. Su corazón quería el sueño y su mente quería solo pasar el rato. Uno de los dos ganaría.

Todos queremos la victoria, pero la victoria es siempre el resultado de la estrategia correcta. Mi padre me enseñó el patrón: Sabiduría, Estrategia, Victoria.

Dwayne Pickett, Sr. es un maravilloso amigo y pastor que ha empaquetado mucha vida en pocos años. Su abuelo era empresario. Una de sus propiedades era un bar clandestino en el país fuera de Jackson, Mississippi. Cuando Dwayne tenía solo dieciséis años, tenía su propia cuenta abierta en el bar donde podía llevar a cualquiera de sus amigos. Él veía mientras pasaban por allí uno tras otro todos los artistas de *blues* más famosos del mundo, y algunos de los apostadores de juego más destacados. Los tiroteos eran tan comunes, que Dwayne y su hermano Charles se sentaban en el bosque cuando eran más jóvenes solo para observar.

En ese entorno, la vida de Dwayne se convirtió en un infierno, tanto que su padre, administrador en una universidad, sacó un seguro de vida para él cuando solo tenía quince años. Su padre sabía que probablemente estaría muerto a los veintiuno y quería tener el dinero para hacer un buen funeral.

Cuando Dwayne aceptó a Jesucristo como su Señor y Salvador, sintió el llamado al ministerio. Es una larga historia, pero Dios sabía los sueños que había puesto en el corazón de Dwayne, incluso aunque Dwayne no los reconociera aún. En su camino a convertirse en profesor universitario, Dios digirió el rumbo de Dwayne y lo llamó a convertirse en pastor.

Dos años después de ser seguidor de Cristo, el 5 de marzo de 1992, Dwayne había escrito en su diario de oración personal: "Sé que Dios me ha llamado a ministrar a hombres, concretamente a hombres jóvenes afroamericanos". Finalmente, se convirtió en el pastor principal de la iglesia New Jerusalem Missionary Baptist Church, una congregación histórica en la ciudad de Jackson. En 1963, el gran pionero de los derechos civiles Medgar Evers había hablado en la iglesia horas antes de ser asesinado en la entrada de su casa a unas manzanas de distancia.

Dwayne entró en el ministerio con energía. Dirigió a sus hombres en retiros, hizo desayunos de hombres, intentó todas las distintas formas de conseguir su sueño de ministrar a los hombres jóvenes. No estaba teniendo resultados duraderos. Entonces, en lo que parecía una coincidencia, Dwayne y yo nos conocimos en Indonesia. Conectamos de inmediato. Él es así. Le presenté el temario *Majoring in Men*, un material estratégico y demostrado para disciplinar hombres. Ahora, siguiendo la estrategia que Dios le había dado, New Jerusalem Church está levantando a cientos de hombres fuertes, "comisionándolos" para dirigir sus familias y comunidades, para aceptar la responsabilidad y guiar como Cristo hizo, entregando sus vidas.

La semana pasada, Dwayne y yo fuimos a las ruinas del club nocturno de su abuelo. Ahora está en medio de cientos de acres de tierra que se usarán para campamentos para hombres jóvenes. Me dijo: "Paul, cuando encontré la estrategia para discipular hombres, eso lo cambió todo. Mira, tenía la pasión, pero no tenía el patrón. Ahora tenemos varios campus y en todos nuestros servicios de fines de semana tenemos más del 40 por ciento de los hombres en asistencia. Eso es muy raro en nuestra cultura. Y sé que esos hombres me respaldan. Están listos para involucrarse y están deseosos de invertir. Es extraordinario".

Miramos las ruinas del bar clandestino, y lo que vino a mi mente fue el versículo de Isaías capítulo 61 que dice: "Daré belleza de las cenizas y gozo de donde había desánimo".[7]

Dios nos da sabiduría para desarrollar una estrategia. Pide sabiduría. Encuentra la estrategia, gana la victoria.

17

LUCHA

Me encontraba en Nashville, hablando para mi amigo Wes en una reunión matutina para líderes de empresas que se habían reunido para animarse y para planificar trabajos de mejora comunitaria. Wes dijo después que la charla realmente le tocó. Lo que les dije a los hombres allí reunidos esa mañana fue esto: tu identidad es lo que lucha o se rinde.

No lucharás por lo que no eres, o por lo que consideres que no merece la pena. Lucharás por lo que estimes valioso.

Tu identidad es tu bien más valioso.

TU IDENTIDAD ES LO QUE LUCHA O SE RINDE.

Tu identidad es la definición de quien eres. Nehemías es un héroe convincente porque rehusó que le definiera su posición, las expectativas de otros, su pasado, su empleo o sus propios fallos. Hizo uso de su posición, sus amistades y todo lo que sabía para seguir el llamado de Dios. Cuando lo hizo, dejó la seguridad para ir en busca de lo importante. El riesgo precede al éxito.

A Nehemías le definía su fe en Dios, y esa es la lucha. Es el mundo alineado contra tu identidad porque tú estás alineado con Cristo.

Recuerda: el mundo define a un hombre por lo que hace con sus manos. Dios define a un hombre por quien es en su corazón. Los sueños de un hombre comienzan en su corazón, empoderados por su identidad. Lo que hay en su corazón, después lo vemos a través de sus manos. Primero tu corazón, después tus manos.

Cuando encuentras tu identidad en Cristo, y abrazas los nuevos sueños en tu corazón, Dios pondrá en tus manos las herramientas para cumplir lo que está en tu corazón.

Primero el corazón, después las manos.

Primero el carácter, después el talento.

Primero la nueva vida, después las nuevas decisiones.

Si los sueños de un hombre son contrarios a su identidad, vive en desacuerdo consigo mismo, en disonancia. Un hombre en conflicto vagará por una complicada nube de confusión. Un hombre que conoce su identidad es claro en sus decisiones, fuerte en su fe y energizado en su trabajo.

Pablo escribió a los hombres en Roma: "Dejen que Dios les transforme en una nueva persona, cambiando su manera de pensar".[1]

Tu corazón es la fuente fundamental de tus pensamientos. Tus pensamientos moldean tu identidad. Tu identidad forma tus decisiones. Tus decisiones crean tu destino.

Este es el patrón que surge de la identidad: identificación, involucración, inversión, incremento.

Cuando un hombre se identifica con Cristo mediante la salvación, se involucra. Leyendo su Biblia, reuniéndose en la iglesia, orando por otros. Después comienza a invertir. Invierte su tiempo, sus habilidades, su dinero. De esa inversión le viene el incremento a él y a otros. La vida de un hombre crece cuando sigue a Cristo, en el sentido de que su vida se agranda. Las amistades son más profundas. Los sueños están enfocados a ayudar a otros más que a sí mismo. Ocurre sutilmente.

Cuando enfocamos nuestro corazón hacia Cristo, se nos infunde su ADN, y Él está siempre ayudando a otros.

Nehemías llegó a Jerusalén después de un viaje agotador. Pero los obstáculos que encontró fueron más grandes que cualquier cosa que había encontrado jamás. Los ejércitos locales amenazaban con matar a toda la población, con destruir sus hogares y derribar la parte de muro que habían construido hasta ese momento. Para resolverlo, Nehemías armó a los trabajadores. Escribió: "Así que teníamos un martillo en una mano y una espada en la otra".[2]

No esperaban que fuera fácil, pero no se iban a dejar intimidar y a dejar de trabajar. Tenían una visión compartida.

Cuando el rey de Persia le dio a Nehemías todo lo que necesitaba para el viaje y la obra de la reconstrucción, la Biblia dice que Nehemías encontró favor con el rey.[3] Tuvo favor con el rey, pero ahora tenía que luchar.

El favor siempre atrae una lucha.

- Gedeón tenía el favor de Dios y terminó en múltiples guerras.
- José tenía el favor y terminó en prisión.
- Moisés tenía favor y terminó corriendo por su vida, yendo en contra del mar Rojo y otros obstáculos hasta que murió.
- Abraham tenía favor, y sufrió traiciones y desilusiones.
- Los discípulos de Jesús tuvieron favor y diez de ellos fueron mártires.
- María tuvo favor, y se vio soltera y embarazada.

Cada uno de estos campeones estaba haciendo lo que Dios quería. Cuando Moisés llegó al mar Rojo y estaba rodeado de un gran ejército tras él, montañas a ambos lados y el océano delante de él, no fue porque no había oído a Dios o porque tuviera un mal mapa. Fue porque Dios iba a demostrar su poder. Cuando Moisés fue fiel, terminó en una lucha.

La mayoría de los problemas de adicciones con los que tratan los hombres hoy son realmente una forma de tratar una mala definición personal. ¿Por qué los hombres se alejan del Dios que quiere renovar y restaurar sus vidas? Porque han definido mal a Dios. Han dejado que otros definan quién es Dios. Y la mayoría de los hombres han dejado que otros definan quiénes son *ellos*.

Un momento emocionante en Jerusalén nos muestra el cambio completo que tenía Nehemías en su consciencia de sí mismo. Había aprendido quién era, por qué estaba allí y cuán grande era su Dios.

La muralla se estaba construyendo. Nehemías, su hermano, y otros estaban dirigiendo la construcción: un esclavo, y un grupo de hombres que habían vivido en opresión toda sus vidas. Algunos mensajeros llegaron de parte de los reyes de otras regiones. ¡Reyes! Este era el mundo de Nehemías. Él conocía el poder de ellos, sabía que el mensaje de ellos demandaba una respuesta. El mensaje era que los reyes querían reunirse con Nehemías.

La primera vez que llegó la invitación, los mensajes eran cordiales. Nehemías estaba muy enfocado. Los tiró al suelo delante de las patas de los caballos de los mensajeros y siguieron trabajando.

Los mensajeros llegaron de nuevo. Esta vez las cartas contenían amenazas de destrucción. Nehemías las tiró a un lado de nuevo. Pero esta vez envió la orden de armar a los trabajadores. Él no se dejaría intimidar. *Consigamos algunas armas.*

Tras la amenaza de guerra, Nehemías reunió a todos sus capitanes, líderes y gobernadores e hizo una de las mayores declaraciones jamás expresada:

"¡No le tengan miedo al enemigo! ¡Recuerden al Señor, quien es grande y glorioso, y luchen por sus hermanos, sus hijos, sus hijas, sus esposas y sus casas!".[4]

Después les mandó que se apresurasen para luchar.

"Cuando oigan el sonido de la trompeta, corran hacia el lugar donde esta suene. ¡Entonces nuestro Dios peleará por nosotros!".[5]

La batalla de Yarmouk se produjo en agosto del año 636 d.C. y básicamente cambió el mundo en el que vivimos. Las fuerzas del islam vinieron contra los ejércitos del imperio bizantino y sus aliados occidentales, en las áreas el norte del actual Irak. Las fuerzas aliadas se destacaban por la lucha interna, el mal manejo de las líneas de abastecimiento y una mala preparación. El resultado fue la primera gran victoria del islam.

La derrota del Occidente hace más de 1.400 años sigue siendo el punto central de grandes problemas en Irak y el Medio Oriente. Ha salpicado a cada parte del globo y está afectando nuestras vidas cada día.

El problema fue que los aliados occidentales y las fuerzas bizantinas no tenían una visión atractiva. Su identidad era personal, egocéntrica y estrecha. Luchaban por cosas pequeñas, peleaban, reñían entre ellos. Las fuerzas islámicas estaban unidas, eran apasionadas y tenían destreza. Los tipos occidentales eran arrogantes.

Cuando llega el momento de luchar, es momento de enfocarse y tan solo *pelear.*

Sin una identidad y visión irresistibles, todos podemos volvernos egocéntricos y estrechos muy rápido.

En un periodo de tiempo extremadamente difícil en mi vida, escribí esto para mí mismo. Hace poco que lo encontré al final de un viejo diario.

Tiene mucho significado para mí, así que lo comparto como un amigo:

Lucha.

Lucha en la cara despectiva del mal...
lucha en el agarre triturador de la tentación...

lucha en las profundidades de caída libre de las tinieblas...
lucha y no pares de luchar.

Lucha cuando te hayas caído... lucha cuando no te puedas mover...
lucha cuando la situación parezca desesperadamente desesperada...
lucha y no pares de luchar.

Lucha cuando no sientas una victoria inminente...
lucha cuando el camino sea escurridizo y traicionero...
lucha en el valle de la indecisión...
lucha y no pares de luchar.

Lucha cuando otros han vuelto la espalda... lucha cuando sientas la culpa que persiste...
lucha mientras vayas a gatas hacia la superficie de la luz...
lucha y no pares de luchar.

Lucha aunque no te quede aliento... lucha en la mordaz desesperación del dolor...
lucha en la sangre, sudor y vómito...
lucha con la desesperación del que se ahoga...

Lucha y no pares de luchar...

La victoria solo le llega al luchador que persevera.

18

LEGADO

A los pies de Nehemías, las ruinas de la historia permanecían en las rocas partidas. Pero él estaba a punto de poner en movimiento algo más poderoso que ladrillos y argamasa. Era un legado de fe.

Un día, llegó un mensaje de los reyes vecinos. Nehemías recibió un mensaje tras otro de reyes vecinos con amenazas, diciéndole que se rindiera. El quinto mensaje fue una acusación cuidadosamente expresada de que Nehemías estaba haciendo todo aquello para poder él mismo llegar a ser el rey de Jerusalén. Los reyes le imploraban que se reuniera con ellos y se explicara.

Nehemías se mantuvo firme en la palabra que Dios le había dado, la fe que tenía en su corazón, la confianza que otros habían demostrado en él. Dijo: "¿Acaso debería ir a reunirme con ellos, y defenderme? ¡No lo haré!".[1]

Nunca me canso de leer su declaración: "Los hombres como yo". Algo había cambiado en su corazón; se había producido un cambio inmenso. Nehemías seguía siendo esclavo, pero ahora era un hombre totalmente comprometido con la fortaleza de la visión, identidad y propósitos de Dios. Era el mismo hombre, pero era una persona diferente. Él sabía todo sobre los reyes, cómo se consideraban a sí mismos, y el gobierno absolutista que ejercían sobre su pueblo. Les dijo a esos reyes que se fueran a paseo.

LO QUE UN HOMBRE HACE EN LA VIDA SE CONVIERTE EN HISTORIA. LO QUE PONE EN MOVIMIENTO SE CONVIERTE EN LEGADO.

La identidad de Nehemías se convirtió en su mayor fortaleza. Su identidad protegió su corazón, protegió a su familia, y protegió al pueblo que lo rodeaba. Quien tú eres no se trata solamente de ti; siempre implicará a otros. Cada decisión que tomes afecta a personas que te rodean y a personas que llegan después en tu vida.

La identidad se construye sobre el fundamento de la aceptación. Cuando un padre acepta a su hijo, eso se vuelve fundamental para una identidad sana. Haya tenido un padre o no, cuando un hombre encuentra su aceptación en Dios se convierte en el fundamento de su identidad. Dios nos acepta. Él envió a su Hijo para demostrar su amor y para reconectarnos. El perdón demostró la aceptación. Cuando el rey aceptó los sueños de Nehemías, cuando aceptó que él era el hombre que podía realizar la tarea, infundió confianza, fe, y seguridad interior en Nehemías.

La identidad de Nehemías ayudó a la nación a redescubrir su identidad nacional. La identidad de la nación había quedado enterrada entre los escombros. Cuando los trabajadores levantaron el muro, el pueblo recuperó la valiente identidad que antes había latido con fuerza en sus corazones y había reinado en sus calles. Comenzó una nueva era.

Tu identidad energiza tus sueños.

Lo que un hombre hace en la vida se convierte en historia.

Lo que pone en movimiento se convierte en legado.

Hay muchos hombres que me dicen: "¿Quién soy yo para hacer algo… qué podría hacer yo?". Necesitan una infusión de identidad.

Pensemos en la vida de una mujer desconocida llamada Ethel Dean.

En julio de 1991, a los ochenta y ocho años de edad, falleció una señora en una casa pequeña y anodina en Los Ángeles. Solamente dieciocho familiares y amigos asistieron a su funeral. Al haber vivido sola durante más de cincuenta años, muchos dirían que Ethel Dean vivió y murió sin haber causado mucho impacto en el mundo.

Pero Ethel Dean tenía tres hermanas: Mabel, Berta y Florence. A los veinticuatro años de edad, Ethel conoció a Jesucristo como su Señor y Salvador. Día tras día, escribía cartas de esperanza y gracia a sus hermanas.

En una carta tras otra, llenas de lágrimas, hablaba del amor de su Padre celestial, el perdón de Cristo, y el poder del Espíritu Santo. Tras meses de cartas, una hermana, después otra, y después la última, aceptaron a Jesucristo como Señor y Salvador.

Una de las hermanas, Florence, estaba tan entusiasmada por su nueva relación con Dios que inmediatamente se matriculó en un instituto bíblico en Los Ángeles. Las noches de los fines de semana tenían a Florence en las esquinas de las calles de LA predicando el evangelio, arrastrando a regañadientes junto a ella a su hijo de doce años para que tocara el trombón. Ese joven, cuyo padre no era salvo, atravesó tiempos difíciles de indecisión, pero Florence y su hermana Ethel no lo soltaban en fe. Durante la Segunda Guerra Mundial, mientras se producían los ataques kamikaze sobre su barco en las batallas navales en el Pacífico, ellas oraban, y milagrosamente los bombardeos no alcanzaron a su barco.

Después de la guerra, llegó el día extraordinario en que Florence descubrió que su hijo asistía al servicio en la iglesia del domingo en la noche con su jefe, Ralph Calkins. Florence llamó a Ethel, le dijo que orase, y después fue conduciendo a la ciudad donde él vivía, estacionó en la calle, se puso en el asiento trasero de su auto, y estuvo orando toda la tarde. Aquella noche su hijo entregó su vida a Cristo y fue llamado al ministerio.

Treinta años después, ese hombre estaba sentado en una pequeña habitación de hotel en Pittsburgh, Pennsylvania, y en un arrebato de cinco días escribió un libro titulado *Hombría al máximo*.

El hijo de Florence, la hermana de Ethel, se llamaba Edwin. Mi papá.

El legado de esa señora desconocida de voz suave llamada Ethel Dean es un poderoso ministerio global que toca las vidas de millones de personas.

Ethel Dean nunca se llevó ningún mérito. Vivió noventa y ocho años en cierto modo anónimamente, pero sus preciosas cartas manuscritas y llenas de lágrimas llevaban el peso de la eternidad para millones de personas.

Personas inesperadas cambian el mundo.

Si has leído hasta aquí, quizá me hayas oído antes decir lo siguiente:

¡Ve!

¡Comienza!

Jesús no vino para cambiar el mundo; Él vino para salvar al mundo. El mundo cambió porque Jesús vino. Ayuda a las personas, y el mundo cambiará. El mundo cambia para ti, y para la persona a la que ayudaste, para la persona que amaste; y quizá para muchas más personas después.

Ve y ayuda a alguien: llámalo, escríbele una nota, ministra vida, ama profundamente y, cambia el mundo. Yo creo en ti. Y Dios también.

19

CAPACIDAD

Bill y yo estábamos pescando en un pequeño río muy remoto en Alaska en una barcaza inflable de cuatro personas. Era un día frío, con agua helada que se movía rápidamente. Los cielos eran azules con unas cuantas nubes muy blancas. De vez en cuando, un halcón nos miraba. Teníamos café caliente en los termos, y una trucha en el anzuelo. Un día estupendo.

A veces rompíamos nuestro silencio para charlar sobre familia, deportes o negocios. Bill había comenzado un par de negocios que habían ido bien, y un par de otros que no fueron tan bien. Ahora ya había atravesado tiempos difíciles y era muy exitoso.

"Supongo que he llegado adonde puedo manejar las cosas", dijo. "Todo el proceso duró más. Las cosas que me molestaban o me estresaban en los primeros tiempos no eran tan estresantes después de un tiempo. Perseveré en los desafíos. Aprendí a enfocarme en los verdaderos problemas y a no desviarme".

"Entonces, te agrandaste como hombre", dije yo. Él asintió. Seguimos pescando.

Más grande. Capacidad. Es imposible llegar a ser muy exitoso sin llegar a ser una persona más fuerte, más grande y más perseverante.

Nehemías comenzó su viaje a Jerusalén como el mismo hombre que había sido un esclavo. Algo había sucedido en su corazón, pero ahora comenzaba a suceder algo en su identidad y su capacidad. Comenzó a verse a sí mismo más grande, más capaz, más fuerte. Tenía la sensación de que podía lograr sus metas. Cada paso y cada acción lo estiraba más.

Salomón fue un gran rey que cuando era joven tomó el mando tras su padre David. Heredó un reino rodeado de enemigos, lleno de intrigas palaciegas y los problemas diarios de una cultura compleja. Se enfrentaba a algunos grandes obstáculos.

Salomón oró. Pidió sabiduría. Un movimiento inteligente. Dios respondió diciéndole, en esencia: "Has pedido lo correcto. Sabiduría". Dios le dio sabiduría, pero también dio a Salomón algo que él no pidió, algo que Salomón ni siquiera sabía cómo pedir, pero que Dios sabía que necesitaba. Igual que el rey supo que Nehemías necesitaba un ejército, Dios sabía que Salomón necesitaba otro elemento para el éxito.

DIOS NOS DA CAPACIDAD PORQUE NO SOMOS LO BASTANTE GRANDES HOY PARA PELEAR LAS BATALLAS DE MAÑANA.

Dios dio a Salomón sabiduría, entendimiento, y *largura de corazón*. Largura. Capacidad.

Dios nos da capacidad porque no somos lo bastante grandes hoy para pelear las batallas de mañana. Dios esencialmente le dijo a Salomón: "Te daré sabiduría, pero no eres lo bastante grande para contener la sabiduría que yo sé que necesitas; por lo tanto, voy a aumentar la capacidad de tu corazón y de tu alma".

Capacidad. Largura de corazón. Siempre llega por ser estirados. Nuestro corazón dirige nuestra vida, de modo que si tu vida ha de ser más grande, tu corazón debe ser más grande. Tu capacidad para albergar sabiduría, dolor, estrés, agitación, compasión, generosidad, amor: todo debe agrandarse. Somos estirados.

Solamente te elevarás al nivel de liderazgo para el que estés dispuesto a aceptar el dolor. Y solamente estás calificado para liderar hasta el grado en que estés dispuesto a servir. Eso requiere un corazón grande y la disposición a soportar el dolor de la humildad, el anonimato o la corrección. Mientras mayor sea la humildad de un hombre, más grande es el hombre.

Los Marines dicen: "Dolor es debilidad que abandona mi cuerpo".

La mayoría de los hombres quieren la posición sin el dolor. Ser estirados implica dolor… a veces una gran cantidad de dolor. El nivel de dolor está directamente relacionado con el nivel de posición que un hombre desea. Un hombre pequeño que es situado en una posición grande encogerá esa posición para que esté en consonancia con la capacidad de su corazón, la cual se ha encogido hasta su umbral de dolor. El pago por la posición es dolor. Es la moneda de la grandeza.

La mayoría de los hombres no están luchando por su identidad; ni siquiera están mirando. Están esperando a que otra persona les diga cuál es su identidad. No hay ningún dolor implicado en eso. No hay estiramiento.

La capacidad se produce al ser estirado. Bill había experimentado momentos de gran estiramiento. Había soportado el dolor de esos tiempos en que pensó que nunca podría avanzar, obstáculos que parecían demasiado grandes, problemas que se veían imposibles, y todo ello lo estiró.

Hay dos maneras en que puedes estirarte para construir capacidad: intimidad y adversidad.

Nuestro lugar más importante de estiramiento es la intimidad con el Padre: practicar su presencia, la oración, la Palabra, tiempo con los "hermanos", adoración, meditación en la Palabra, ayuno, las disciplinas espirituales.

La altura de un edificio está directamente relacionada con la profundidad del cimiento. Construye un cimiento fuerte, y construirás una vida perdurable y robusta. Tu corazón es tu cimiento; lo que hay en tu corazón es lo que te sostendrá en el viaje de la vida. Cuando tu corazón es más grande, puedes construir una vida más grande. La intimidad con Dios amplía tu corazón y profundiza tu vida.

Jesús dijo: *"Les he dicho todo lo anterior para que en mí tengan paz. Aquí en el mundo tendrán muchas pruebas y tristezas; pero anímense, porque yo he vencido al mundo"*.[1] Pablo dijo a las personas en Roma: *"Alégrense por la esperanza segura que tenemos. Tengan paciencia en las dificultades y sigan orando"*.[2] La intimidad con Dios produce fe. Fortaleza. Confianza. Amor más profundo. Esperanza. Esperanza es la total confianza en que Dios cumplirá su palabra. La intimidad con Dios te estira.

Aumentamos la capacidad mediante la intimidad, y también mediante la adversidad. Jesús dijo que tendríamos adversidad. Su medio hermano Santiago atravesó problemas. Santiago vio a su hermano crucificado. Santiago fue perseguido. Santiago conocía el aguijón de la traición.

Santiago escribió: *"cuando tengan que enfrentar cualquier tipo de problemas, considérenlo como un tiempo para alegrarse mucho... siempre que se pone a prueba la fe, la constancia tiene una oportunidad para desarrollarse. Así que dejen que crezca, pues una vez que su constancia se haya desarrollado plenamente, serán perfectos y completos, y no les faltará nada"*.[3] Santiago dijo básicamente: "Los obstáculos te hacen más grande". Él sabía que el resultado de enfrentar la adversidad era mayor fortaleza, largura de corazón, y mayor capacidad en el hombre interior.

¿Qué te detiene? ¿Pequeñas voces de duda? ¿Derrota insistente del pasado? ¿Inferioridad? ¿Comentarios de personas negativas? Enfrentar esas pruebas en Cristo fortalecerá tu corazón, y te hará ser un hombre más grande. Un viejo profeta llamado Zacarías dijo que nuestras victorias llegan de esta manera: "No es por tu fuerza ni por tu poder, es por el poder de Dios".[4]

Construir capacidad mediante la intimidad con Dios y al tener su presencia en la adversidad nos hace tener más confianza. Uno de los atributos más poderosos y necesarios de un líder es la confianza: ser capaz de decir: "Sígueme, este es el camino".

Los hombres siguen a hombres seguros. No seguimos a endebles.

Cuando estamos seguros de nosotros mismos, estamos dispuestos a aceptar mayores desafíos.

Por muchos años fui el dueño de una empresa diversa de mercadeo y comunicación. Habíamos comenzado con poco, realizamos algunos proyectos exitosos, y después fuimos más grandes. En la década de 1980 experimentamos algunas grandes ganancias con unos proyectos importantes. Entonces recibimos una llamada de un amigo, y ayudamos con el exitoso lanzamiento de FarmAid. Nos sentimos confiados. Al año siguiente recibimos una llamada de Paramount Pictures. Tenían una pequeña película que había ido bien en Australia, pero no había comenzado bien en su lanzamiento en los Estados Unidos. Estaban preocupados, y se pusieron en contacto con nosotros.

Lanzamos la película en los cincuenta mercados más importantes combinando estaciones de rock, medios televisivos, restaurantes Taco Bell, la comisión de turismo australiana, y otros colaboradores en un importante empuje que confeccionamos en solo unas pocas semanas. Mi vicepresidente James, mi estratega jefe (y hermana) Joann, y nuestro equipo sentíamos confianza en que podíamos abordar algo grande porque ya habíamos experimentado algunas victorias anteriores. El dolor y el estiramiento de proyectos más pequeños nos proporcionaron la capacidad para un trabajo más grande.

Esa pequeña película, *Cocodrilo Dundee*, se convirtió en un fenómeno global. Paramount estaba entusiasmada. Tuvimos éxito. Nunca habríamos abordado ese proyecto más grande a menos que hubiéramos construido la confianza en los proyectos más pequeños. El dolor del estiramiento en los momentos más pequeños construyó la capacidad para trabajos más grandes.

No te resistas a ser más grande. La capacidad comienza en los momentos privados de intimidad con Dios, y se revela en los momentos públicos de adversidad.

David era un joven escogido por Dios para ser el siguiente rey de Israel después del reinado desastroso del rey Saúl. Samuel era el profeta de Israel llamado por Dios para encontrar al siguiente rey y ungirlo. Tras buscar en la nación, Dios dirigió a Samuel hasta un pastor anónimo, pero exitoso, llamado Isaí, que tenía ocho hijos. David era el más pequeño.

Cuando llegó Samuel, Isaí le mostró a los siete hijos mayores, pensando que uno de ellos sería el siguiente rey. No incluyó a David entre ellos porque la última persona que Isaí pensaba que sería rey era David. Samuel pasó por alto a los siete. Dijo: "¿No tienes más hijos?". Isaí respondió con menosprecio: "Bueno, está David". David tenía unos trece años de edad cuando Samuel lo llamó y lo ungió para ser el siguiente rey.

Tras la unción y la cena de celebración, Isaí seguía teniendo en tan poca consideración a David que lo envió otra vez con los sirvientes. El padre de David no lo afirmaba. Pero en los campos con los sirvientes y las ovejas, en los momentos de quietud, en los lugares de intimidad y adversidad, David se hizo más grande. Escribía cantos, oraba, cuidaba las ovejas, y mataba animales peligrosos como leones y osos. Su identidad se forjó en privado, y pronto sería revelada en público.

Unos años después de su unción, los hermanos de David salieron a la guerra. Durante cuarenta días y noches, los ejércitos de Israel y de Filistea se enfrentaban en un inmenso valle. Cientos de miles de guerreros participaban. Los filisteos enviaron a su guerrero más duro, su campeón, para retar a Israel a un duelo en el que "el ganador se queda con todo". Goliat era un hombre inmenso con una fuerza bruta, y debió haber sido un luchador desagradable. Solamente la ferocidad de su voz acobardaba a los hombres. Cada mañana y cada tarde durante cuarenta días, Goliat aparecía en el centro del valle y gritaba maldiciones al ejército de Israel. "¿Dónde está su campeón?", gritaba. El problema era que ni un solo hombre en Israel se consideraba un campeón, de modo que ningún hombre respondía.

Goliat es una imagen de cada obstáculo que enfrentamos como hombres. Todo hombre se enfrenta a un Goliat de tentaciones, pruebas, problemas, traiciones, inferioridades y desengaños. David, que ahora tenía unos dieciséis años, había sido enviado por su papá a llevar comida a sus hermanos en la primera línea de batalla. Su papá no envió a David para ayudar a luchar, solamente para llevarles comida.

Cuando David llegó y Goliat llamó a un campeón, el corazón de David se identificó. "¡Ese soy yo!". Sus hermanos se rieron de él, pero Dios le había dado una nueva identidad. David ya no era el muchacho marginado por su papá o de quien se burlaban sus hermanos. Él era un campeón en su interior, y estaba a punto de mostrarse en el exterior.

Los momentos privados que David pasaba con Dios le dieron confianza en la adversidad pública de Goliat.

Al escuchar el grito pidiendo un campeón, David finalmente dijo a los hombres que lo rodeaban: "¡Ese soy yo!".[5]

La mayoría de los hombres en la actualidad no tienen un padre terrenal que les haya afirmado. Quizá nunca has oído a tu papá decir: "Muy bien", o "Eres increíble", o "Puedes hacerlo". Pero como David, puedes pasar tiempo con tu Padre celestial y Él te llenará de su amor, afirmación y fe. Tú eres quien Dios dice que eres.

Romanos dice que eres "más que vencedor".[6] Mayor. Más grande. Más fuerte de lo que crees que eres o de lo que nadie te ha dicho jamás. Encontrar tu identidad en Cristo siempre te hará ser un hombre más auténtico y más poderoso. Tú eres un campeón.

Cuando David corrió hacia Goliat, corrió hacia su identidad. Mató a Goliat. Se había convertido ya en un campeón en su interior. Derrotar a Goliat lo hizo evidente.

Cuando Jesús comenzó su ministerio a los treinta años de edad, lo lanzó con una declaración valiente de su identidad. Leemos en los rollos en Isaías, capítulo 61.

> *El Espíritu del Señor está sobre mí, porque me ha ungido para llevar la Buena Noticia a los pobres. Me ha enviado a proclamar que los cautivos serán liberados, que los ciegos verán, que los oprimidos serán puestos en libertad, y que ha llegado el tiempo del favor del Señor.*[7]

Debido a la identidad de Jesús, encontramos nuestra identidad. En Cristo, llegamos a ser más grandes. Cuando matas a los leones y a los osos en privado, puedes derrotar a los Goliat en público. Abraza el dolor, hazte más grande. Mayor capacidad, mayor éxito.

20

TEMPORADA

Nehemías fue detallado con respecto a fechas y temporadas en sus memorias. Llegó a Jerusalén en la primavera, pero la temporada que cambió de manera más dramática fue una temporada espiritual.

Cuando Nehemías llegó, la temporada de la nación cambió de desesperación a esperanza, de tinieblas a luz, de derrota al triunfo. En el nuevo periodo, el pueblo comenzó a tener un corazón para trabajar. Cuatrocientos cincuenta años después, cuando llegó Jesús, la temporada volvió a cambiar…

Jesús llegó a la tierra, y llegó la esperanza. En medio del caos, llegó la paz. Jesús entró por las puertas que Nehemías había construido. Él vino como la Luz del mundo, como la Palabra de Dios… y esa palabra era *redención*. Tres días después de colgar en la cruz, la temporada cambió para siempre para la humanidad. Una estación de vida nueva, una primavera fresca en el destino de la tierra.

Las temporadas cambian. *Nosotros no podemos cambiar la temporada; tan solo podemos adaptarnos a la temporada.* Abrazamos sus características únicas. Muchos han observado la frase que se utiliza con frecuencia en la Escritura: "y aconteció". Gracias a Dios, las temporadas no llegan para quedarse.

El ritmo circadiano del océano se hace eco del latido del corazón de Dios, y el cambio de las temporadas se hace eco de los viajes del hombre. De transición en transición. Toda la vida es un proceso de salir de una para entrar en otra. El modo en que dejemos la temporada que pasa determinará cómo entramos a la siguiente.

Tendemos a definirnos a nosotros mismos momento a momento, y por lo tanto pasamos por alto los ritmos de Dios. Hay un ritmo al que Dios crea. Los científicos han descubierto ondas de electrones en la atmósfera que pulsan con regularidad. El océano se mueve. Las mareas cambian. Las personas que aman el desierto te mostrarán que rebosa de vida estacional.

Toda la creación está construida en torno al ritmo de las estaciones. Incluso lugares que creemos que no tienen estaciones, como islas ecuatoriales, tienen ciertos tiempos en que llueve, ciertos tiempos en que las cosechas están maduras, ciertos tiempos en que los vientos pasan a una estación de calmas ecuatoriales y no se puede navegar, estaciones para el descanso, y estaciones para la reproducción.

Lo que tenemos que aprender es a capear las temporadas en preparación para el cambio de la temporada.

En una escena fascinante del documental *The Bridge* [El puente], un hombre que intentaba suicidarse saltando del puente Golden Gate hablaba sobre su intento de quitarse la vida. Él fue uno de los pocos que sobrevivió.

Mientras él mismo y el cineasta veían la grabación real de su salto, él comentaba que en el momento que saltó, supo que había cometido un terrible error. "El milisegundo en que mis manos soltaron la barandilla, fue un remordimiento instantáneo".[1]

Un mal día no significa que tengas una mala vida. No tomes decisiones basándote en la temporada actual. Sigue recorriéndola y la temporada cambiará. "Esto también pasará".

Judi y yo estábamos almorzando con una joven pareja en La Jolla, California (a propósito, la ciudad donde nací, aunque no hay ningún marcador histórico... aún). Una hermosa tarde soleada, en el porche superior en Georges en The Cove, estábamos sentados charlando y disfrutando de nuestra amistad.

El esposo era muy exitoso y estaba lleno de energía. Mientras nos hablaba de sus planes de ampliar su negocio, de llevarlo a otro nivel, se podía ver que la impaciencia de su esposa aumentaba. A Judi y a mí nos encantan los visionarios. Nos emociona tan solo estar cerca de personas así. Quedamos atrapados en su emoción, pero observamos que ella tenía sus reservas.

Finalmente, su esposa dijo: "Tan solo estoy preocupada".

"¿Por qué?", preguntó Judi.

"Su vida está ahora muy llena, y este nuevo viaje lo tendrá en la carretera una noche tras otra", dijo su esposa.

"Bueno, esa es una preocupación legítima, dado que tienen tres hijos", dijo Judi, pues ya había experimentado eso cuando nuestros hijos eran pequeños.

"Entonces, ¿cuánto tiempo dura esta primera temporada?", le pregunté.

"Basándome en la experiencia, durará de tres a cuatro meses", dijo él. "Muy intenso. Estaré fuera la mayor parte del tiempo. Reuniendo capital, construyendo el equipo nacional, haciendo que todo suceda".

NO PUEDES CAMBIAR LA TEMPORADA; TE ADAPTAS A ELLA.

Eso me hizo pensar en el joven Brent, el entrenador de fútbol de la secundaria. ¿Qué dolor no podrían soportar si supieran que al otro lado estaba su sueño?

En el camino de regreso a nuestro hotel, Judi y yo charlamos sobre cuántas veces hemos mantenido esa conversación con hombres. No es sabio crear un estilo de vida que esté desequilibrado. Pero... si es tan solo durante una temporada, eso no significa que sea un estilo de vida desequilibrado.

En un sentido, la "vida equilibrada" es un mito. Pedalear en una bicicleta parece normal, pero solo cuando aprendes a montar, y solo cuando la bicicleta está en movimiento. Comenzar a hacerlo es otra cosa. Aferrarse a una vida equilibrada en lugar de alcanzar tus sueños es como llevar caminando una bicicleta a un ritmo regular año tras año, cuando podrías haberla puesto en movimiento, haberte montado en ella, y un día haber estado moviéndote a máxima velocidad recorriendo pendientes y caminos.

A veces, las temporadas caen encima de ti. No puedes cambiar la temporada; te adaptas a ella. Te mantienes fiel en ella. Te apoyas en la Palabra de Dios.

Nuestro amigo Ryan y su familia tienen una hermosa granja en el condado de Lancaster, en Pennsylvania. He aprendido mucho sobre agricultura solo escuchando su pasión por ella. Él ha explicado que obtendrá una cosecha estupenda solamente si es fiel en el invierno. Un buen agricultor sabe que el tiempo invernal es tan importante como el tiempo de cosecha. En el invierno es cuando trabajas en el equipo y en los campos, y te preparas.

Si Ryan no fuera fiel en el invierno, no habría una cosecha.

Las temporadas de intensidad vienen y van.

Poner todo sobre la mesa, con la esperanza de alcanzar un sueño, requiere agallas y después resistencia. Pagas el precio del dolor para experimentar la alegría del éxito.

Hace años, un amigo especial estaba vendiendo paquetes de publicidad para negocios de tamaño medio que quería vender su empresa. La mayoría de los lunes en la mañana viajaba en avión y regresaba los viernes en la noche. Algunas veces regresaba la noche del jueves si había tenido una buena semana. Fue una temporada intensa.

Un día ventoso aterrizó en Chicago, alquiló un auto, se detuvo en la primera tienda que vio y compró un rollo de pesetas. Mientras soplaba el viento a su alrededor y caía la nieve, se metió en una cabina telefónica introduciendo pesetas y recorriendo la guía telefónica local para concertar citas en empresas.

Cuando gastó su última peseta, y tenía el papel garabateado con los nombres de empresas con las que había establecido citas para visitarlas al día siguiente, se giró para salir de la cabina, pero descubrió que no podía moverse. Haló fuerte sobre una pierna hasta que el hielo de debajo se agrietó cuando uno de sus zapatos se movió. Entonces se soltó también del otro. Sus pies se habían congelado en el suelo.

Llamó a su casa esa noche para ver cómo estaban los niños, y para contarle a su esposa los esfuerzos y las llamadas que había hecho. Me dijo recientemente que cada día, un mes tras otro, año tras año, cuando llamaba a su casa, su esposa le decía: "Te quiero. Creo en ti. Estaré aquí cuando regreses a casa. Estoy contigo a pesar de todo".

Tenemos que estar dispuestos a pagar el precio. Así de sencillo. Así de difícil.

Ese mismo amigo, que aún se gana la vida trabajando en ventas, tenía confianza en que si atravesaba ese periodo de su carrera, tendría éxito. Su esposa continuaba en acuerdo con él, oraba por él, educaba a sus hijos y lo alentaba. Él se mantuvo año tras año.

Entonces, un día, el dueño de la empresa se sentó con él y le preguntó: "¿Quiere ser vicepresidente?". Era una nueva temporada. Brian se convirtió en ejecutivo. Poco después, fue socio de otros ejecutivos, y compró la parte de ese dueño. Después, compró la parte de sus socios. Actualmente, él ha construido una de las firmas de corretaje más grandes en la nación.

El dolor de quedarse congelado sobre el pavimento fue una temporada. Él no tan solo sobrevivió; fue fiel en ese periodo y ahora está disfrutando del éxito. Crió a unos hijos asombrosos, y disfruta de un matrimonio maravilloso. En acuerdo con su esposa, la familia pagó el precio que la mayoría no está dispuesta a pagar.

Si él no hubiera sido fiel en el invierno, se habría perdido la cosecha.

Meses después, volvimos a hablar con nuestros amigos de La Jolla. Nuestro consejo para ellos fue ser fieles en el periodo de dificultad, soportar la incomodidad, mantenerse en acuerdo, orar juntos, trabajar duro, y confiar en Dios para los resultados. Ellos lo estaban haciendo, aunque no fue fácil. Tuvieron que revisar algunos de sus planes; pero debido a que no intentaron cambiar la temporada, se estaban sintiendo muy realizados.

Oigo esta historia constantemente. El mito de la vida equilibrada no toma en consideración las temporadas de la vida. Mantenerse en un trabajo aburrido año tras año para ser equilibrado no es siempre el mejor camino a seguir. ¿Sería mejor para tus hijos tener un modelo a seguir que tiene aspiraciones, que es un estudiante de por vida, un hombre que se estira y crece a lo largo de su vida? Veamos el arco largo; enfrentémoslo con sinceridad, en realidad. Esto es lo que requerirá. Y después midamos la recompensa que hay al otro lado. Riesgo/recompensa. Tiempo de siembra/cosecha. Invierno/primavera. Temporadas.

Nehemías sabía que la nación estaba en una temporada de trabajo intenso. Él no ocultó la verdad; le dijo al pueblo que tendrían que trabajar más duro de lo que habían trabajado jamás, mujeres y niños incluidos. Todos tendrían que sacrificarse, sudar, trabajar y perseverar.

Entonces, la temporada cambió: cincuenta y dos días después, los muros estaban *levantados*. La primera temporada de reconstrucción había terminado. No fue fácil. Hubo muchos obstáculos. Pero vivir en esa temporada había producido un gran éxito.

Las tormentas llegan a todas las vidas. Incluso Jesús experimentó tormentas. Las temporadas cambian, los vientos soplan. Disfrutamos los tiempos de cosecha, pero tendemos a frustrarnos con el invierno. Cuando lleguen las tormentas, prepárate, atraviésalas. Agárrate a los sueños y a las visiones.

Bob Dylan convirtió el capítulo 3 de Eclesiastés en una canción que los Byrd hicieron popular: "Todas las cosas giran, giran, giran; hay una temporada, gira, gira, gira. Y un tiempo para todo propósito bajo el cielo"[2]. Se identifica con quienes la escuchan y es un clásico porque las temporadas están en nuestro ADN original, dado por

Dios. Las temporadas cambian. Las semillas son plantadas, regadas, cultivadas y cosechadas en diferentes temporadas.

"Tiempo de siembra y cosecha" es uno de los principios más importantes de la Biblia. Es uno de los principios más importantes del mundo en que vivimos.

El apóstol Pablo escribió: "Dios no será burlado, pues se cosechará lo que se siembre".[3] Las semillas que plantas hoy determinan la cosecha que tendrás mañana. Planta buena semilla, y obtendrás una buena cosecha. Planta mala semilla, y bueno, ya lo sabes: mala cosecha.

Cuando estás plantando buenas semillas en tu vida, el enemigo quiere matarlas. Parece que hombres que están plantando malas semillas no tienen tantos obstáculos. Yo creo que eso es cierto. Quizá podría tener algo que ver con un mundo que celebra las malas semillas.

No seas ese hombre. Planta buena semilla, mantente en contacto con tu estación.

Sé fiel en tu temporada. Prospera.

21

ALIADOS

Los hombres fieles se convierten en hombres fuertes. He dicho cientos de veces: "Los hombres fuertes forman familias fuertes, y las familias fuertes forman iglesias fuertes". Jesús dijo a sus hombres: *"edificaré mi iglesia, y el poder de la muerte no la conquistará"*.[1] Esa es la meta. Cuando edificamos hombres fuertes y familias fuertes, edificamos iglesias fuertes. Ese es el plan de Dios para llevar sanidad e integridad al mundo entero.

Pablo escribió a su protegido: "Timoteo, encuentra hombres fieles que sean *capaces de...*".[2] El hombre fiel es capacitado por el Espíritu de Dios para ser *capaz*. Él es *capaz* de hacer cosas que nosotros no podríamos hacer solos.

Jesús nunca les pidió a hombres totalmente preparados que lo siguieran. Hasta que Jesús aparece, nadie está preparado.

Jesús tan solo dice: "Sígueme". Cuando seguimos a Jesús, Él es nuestro mentor, nos edifica, nos forma a su imagen. Él nos hace "preparados".

Los seguidores de Jesús nunca llegan a ser hombres *perfectos*. Nos convertimos en hombres *fieles*. A medida que somos fieles en seguirlo, Él edifica nuestras vidas. Es un proceso. Solo porque lo seguimos a Él, eso no nos hace discípulos. A medida que crecemos en fe, fidelidad y enfoque, nos convertimos en discípulos.

Un remolino de nieve ligera enfriaba el aire de enero y dejaba una capa de hielo en el suelo. Las personas en Starbucks ordenaban café caliente mientras miraban sus teléfonos para comprobar si subiría la temperatura. Necesitaban aire cálido para evitar resbalar y chocarse unos con otros, como sucede con frecuencia en las carreteras del norte de Texas cuando hay tormentas de nieve. Yo esperaba poder llegar al hospital, pero no estaba seguro, así que escribí un mensaje de texto.

JESÚS NUNCA LES PIDIÓ A HOMBRES TOTALMENTE PREPARADOS QUE LO SIGUIERAN. HASTA QUE JESÚS APARECE, NADIE ESTÁ PREPARADO.

Steve y yo éramos amigos; hermanos. Yo guardaba sus espaldas, y él las mías. Él estaba luchando contra un cáncer cerebral. Yo lo visitaba siempre que estaba en la ciudad, y nos enviábamos mensajes de texto con frecuencia. Aquella mañana le escribí: "Steve, estoy orando por ti cada día. Es un año nuevo, un año de liberación. Lo creo. Estoy contigo. PC".

"Gracias", me respondió. "Te quiero", le escribí yo. Pausa. Entonces llegó su siguiente texto. "¿Cada día?". Yo respondí: "Sí, cada día". Pausa. Entonces él escribió: "Amigo, no te ofendas, pero ¿no debería estar buscando otro intercesor que pudiera conseguir resultados más tangibles?".

Qué hombre tan divertido, maravilloso y piadoso. Sin duda, lo extraño mucho. Leí esos mensajes de texto en su funeral. Él era alguien con quien yo podía ir por ahí. Alguien que acudía en mi ayuda. Un hombre al que no necesitaba impresionar, y no necesitaba que él me impresionara. Un aliado con quien podía charlar en mis momentos más duros. Y yo estaba a su lado en los suyos.

Pablo habló de esto en su segunda carta a Timoteo. Timoteo había sido criado por su mamá y su abuela, y ahora necesitaba a un hombre fuerte. Pablo vio en él grandeza, y fue su mentor. Entonces Pablo lo puso a cargo de una iglesia muy grande y le escribió instrucciones.

"Lo que has oído de mí ante muchos testigos, esto encarga a hombres fieles que sean idóneos para enseñar también a otros", le escribió Pablo.[3] El versículo es multigeneracional. Pablo está hablando de sí mismo, y de Tim, y de los hombres de los que Tim era mentor y, finalmente, de los hombres que esos hombres instruirían. Cuatro generaciones. La calificación principal para todos esos hombres es una palabra: fiel.

La fidelidad es el fundamento del carácter piadoso. La mayoría de nosotros miramos a hombres que tienen una gran habilidad o un talento asombroso, alguien que ilumina una habitación cuando llega. Demasiados hombres trabajan en su talento y no en su carácter. Muchos llegan a ser exitosos basándose en el talento, y después se estrellan y se queman. Con frecuencia lo vemos en estrellas de los deportes, líderes en la industria, la política, y el púlpito. Su talento los lleva a un lugar que su carácter no puede sostener.

Uno de los hombres más asombrosos que vivió jamás fue Abraham. Él fue fiel en seguir a Dios, incluso cuando no sabía adónde le estaba conduciendo Dios. A Abraham se le llama "el padre de la fe". En el libro de Santiago, explicó el ingrediente secreto de la vida de Abraham. Es este: lo llamaron *"amigo de Dios"*.[4]

Abraham tuvo un encuentro con Dios. Dios prometió que si Abraham lo seguía fielmente, haría de él el padre de una gran nación.[5] En ese punto, Abraham era un hombre de setenta y cinco años y sin hijos; por lo tanto, sin heredero. Pero ahora tenía una promesa; finalmente, algo a lo que aferrarse.

Abraham no era un hombre perfecto. Siguió a Dios, pero tomó algunas malas decisiones. Un gran error, una inmensa metedura de pata. Aunque el heredero prometido, un hijo llamado Isaac, tenía que llegar mediante su esposa Sara, se impacientaron. Sara no quedaba embarazada. Por eso le ofreció a su sirvienta Agar; y él no se negó. Podría haber dicho: "Lo siento, Sara, ya sabes que confío en Dios; ¿acostarme con tu sirvienta? De ningún modo". Eso no sucedió. Sara estaba frustrada. Él estaba impaciente. La impaciencia puede matar tu promesa.

Abraham tenía una promesa, pero actuó por su cuenta y tuvo un hijo de una joven sirvienta llamada Agar. Ese muchacho se llamó Ismael. El niño equivocado. Cuando Sara finalmente tuvo a Isaac, Ismael se convirtió en un enemigo declarado de Isaac. El hijo de la impaciencia deseaba matar al hijo de la promesa. Cuando Sara murió, Abraham se casó con Cetura y tuvo otros seis hijos más. Los descendientes de esos hijos también se convirtieron en enemigos de Isaac. Cientos de años después, a menudo seguimos viendo a los hijos de Isaac atacados por los hijos de sus medio hermanos. La impaciencia de Abraham resuena a lo largo de los siglos.

CUALQUIER COSA QUE CREAMOS FUERA DE LA PROMESA SIEMPRE INTENTARÁ MATAR LA PROMESA.

Isaac era la promesa. Pero Abraham tomó decisiones fuera de la promesa. Todo lo que Abraham hizo fuera de las instrucciones que tenía de Dios terminó siendo negativo. Todo lo que Abraham hizo fuera de la promesa intentó matar la promesa. Cualquier cosa que creamos fuera de la promesa siempre intentará matar la promesa.

Abraham tomó algunas malas decisiones, *pero* siguió a Dios. Fue probado en repetidas ocasiones, *pero* perseveró. Abraham terminó su vida fuerte. Su verdadero secreto a lo largo del camino fue simplemente este: era amigo de Dios.

Un amigo es fiel.

"Como el hierro se afila con hierro, así un amigo se afila con su amigo".[6]

"Un amigo es siempre leal, y un hermano nace para ayudar en tiempo de necesidad".[7]

Un amigo es alguien que habla bien de ti a tus espaldas...

Un amigo es quien aguanta el golpe de la vida...

Un amigo ilumina la habitación cuando entra. (Otros puede que la iluminen cuando se van)

Un hermano no es necesariamente un amigo, pero un amigo es siempre un hermano.

Los propios hermanos de Isaac no eran sus amigos. Mi amigo Rod Anderson me enseñó lo que realmente significa la expresión "la sangre es más espesa que el agua". En casi todas las culturas alrededor del mundo, la sangre es una señal de pacto, por lo general sangre de dedos, manos o animales. El dicho "la sangre es más espesa que el agua" significa que dos hombres con un pacto de sangre están más unidos y comprometidos el uno con el otro que dos hombres que quizá hayan nacido del mismo líquido amniótico. Se trata de estar en un pacto. Amigos. Aliados.

La sangre que Jesús derramó en la cruz fue una señal y una firma de pacto. Por eso podemos estar seguros de que Jesús es un amigo *"más unido que un hermano"*.[8]

Hay una gran historia sobre Jesús y uno de sus mejores amigos: Lázaro. Lázaro estaba en su casa en Betania, enfermo y a punto de morir. Las hermanas de Lázaro enviaron a decir a Jesús en una ciudad cercana que fuera para sanarlo, ¡y se apresurara!

Juan, quien escribió la historia, nunca dice que Lázaro estaba preocupado. Parece que confiaba en su amigo. Pero quienes rodeaban a Lázaro no compartían su fe; estaban muy asustados.

Jesús y Lázaro habían sido amigos durante un tiempo, pero ahora parecía que su amistad estaba siendo probada. En lugar de apresurarse para ver a su amigo, Jesús se quedó enseñando en una aldea cercana. Entonces se enteró de que Lázaro estaba muerto. Su amigo se había ido, pero parece una locura que Jesús siguió esperando un par de días *más*.

Jesús tenía un plan, una estrategia. Era sabiduría superior a la sabiduría terrenal, y estaba sucediendo en tiempo real. Cuatro días después de la muerte de su amigo, Jesús llega a Betania para encontrarse con un recibimiento helado. Las hermanas están decepcionadas. Jesús resiste la culpa, y después les dice a las hermanas de Lázaro y a los otros dolientes que se habían reunido: "Tranquilos, me ocupo de esto". O palabras parecidas.

Jesús se acerca a la tumba que alberga el cuerpo de Lázaro, envuelto y acostado adentro. Ordena a los lugareños que remuevan la piedra que cubre la boca de la tumba. Marta se resiste, y dice: "*Señor, hiede ya*".[9] Los hombres apartan la piedra y Jesús grita el nombre de su amigo. "¡LÁZARO! ¡VEN FUERA!".[10]

Bum. Lázaro sale. Las personas comienzan a gritar y a llorar. Es un caos. El lugar queda aturdido, y se difunde la palabra, rápido. Durante meses después de aquello, Lázaro cuenta su historia a cientos de personas. Siempre hay alguien por ahí esperando oírla, que quiere verle para dar un apretón de manos al hombre que murió. La historia cobra tanta importancia que los líderes religiosos tienen temor. Personas que han visto a Lázaro están comenzando a seguir a Cristo. Por lo tanto, cuando los líderes religiosos traman matar a Jesús, deciden que también tienen que matar a Lázaro.

Jesús y Lázaro eran amigos. Estaban juntos en ello. Debido a la historia de Lázaro, Dios pudo hacer que avanzara su plan divino de que Jesús fuera traicionado y muerto, como un sacrificio por los pecados de toda la humanidad. Lo que parecía un fracaso total fue una victoria inmensa.

Un amigo verdadero es tu hermano.

Cuando estamos en pacto con Dios por medio de Cristo, somos capaces de ser hombres de nuestro mundo. Podemos ser hombres que están al lado de nuestros hermanos. Somos hombres de pacto.

Nadie tiene mayor amor que este, que alguien ponga su vida por sus amigos.

> *Vosotros sois mis amigos, si hacéis lo que yo os mando. Ya no os llamaré siervos, porque el siervo no sabe lo que hace su señor; pero os he llamado amigos, porque todas las cosas que oí de mi Padre, os las he dado a conocer. No me elegisteis vosotros a mí, sino que yo os elegí a vosotros, y os he puesto para que vayáis y llevéis fruto, y vuestro fruto permanezca; para que todo lo que pidiereis al Padre en mi nombre, él os lo dé.*
>
> *Esto os mando: Que os améis unos a otros.*[11]

Obtienes amigos siendo un amigo.[12] Ve y sé amigo de alguien. Aliados.

22

VALOR

Estaba de camino a casa desde Turquía, concluyendo un intenso viaje de diez días, charlando con hombres como hago siempre dondequiera que estén: Oklahoma, Belice, Alemania, Yakarta, Kampala. Sentado en La Guardia, esperaba abordar en ese último trayecto al aeropuerto DFW. En solo unas horas más, estaría en casa. Estaba cansado, pero también vigorizado por los resultados que estábamos viendo. Dios transformando los corazones de hombres.

En 1977 mi padre, Ed Cole, era pastor de una iglesia local en Costa Mesa (California). Hizo un viaje en avión para hablar en un campamento para hombres en Oregón, y en esa reunión Dios puso en su corazón el sueño de lanzar un ministerio especializado en mentorear y discipular a hombres.

Lo que él descubrió en años de pastoreo fue que a la mayoría de pastores se les enseñaba a predicar sermones, y no a discipular hombres. Por lo tanto, a la mayoría de hombres se les enseñaba a escuchar sermones, y no a estudiar la Palabra de Dios. Esa filosofía produjo una generación de hombres que dejaban que sus pastores hicieran el trabajo pesado del ministerio, mientras ellos observaban y pagaban su salario. Los hombres se sentían absueltos de responsabilidad porque, oye, pagaban al predicador para que alcanzara a la ciudad, se ocupara de sus hijos, y se asegurara de que todo fuera bien. Equivocación.

Los resultados de ese tipo de pensamiento eran iglesias llenas de hombres miedosos, débiles, flácidos y estrechos de mente, e iglesias sin influencia en la vida real de la comunidad. La iglesia se convirtió en un lugar donde iba un hombre para conseguir su sello que decía "Eres un buen tipo", y después seguir viviendo de cualquier modo que él considerara mejor el resto de la semana.

Mi papá comenzó a conducir una camioneta por todo el país diciendo a los hombres que era el momento de levantarse y ser hombres de verdad. Ser un hombre de verdad era ser como Jesús, porque la hombría y la semejanza a Cristo son sinónimos. Él escribió un libro, *Hombría al máximo,* que llegó a todo el mundo. Lanzó una nueva generación de ministerio de hombres. Su ministerio cambió el mundo.

Ahora, más de una década después de su fallecimiento, Judi y yo, nuestra familia, y mis hermanas y sus familias estamos recogiendo esa misma lucha. Mi familia y yo vivimos actualmente ese legado. El valor de papá lo ha sobrevivido.

Valor. Los líderes reunidos en Turquía me habían conmovido profundamente. La mayoría de ellos vivían en iglesias clandestinas por zonas difíciles en el Medio Oriente. Otros estaban en iglesias visibles, pero se enfrentaban a una persecución tremenda. Aunque eran de muchos países, sus tiempos de adoración conjunta eran maravillosos. Yo encendí mi grabadora para captarlo. Las historias que oí esa semana eran difíciles de imaginar, eran aleccionadoras. Para los hombres en Occidente, aquellos eran los héroes desconocidos de la fe.

Un hombre me contó su historia. Lo llamaré Mert, que en turco significa "valiente y varonil", porque eso es lo que él era. Había conocido a Jesús como su Salvador en su país natal (que no era Turquía) de modo interesante.

Cuando era joven, Mert tenía un deseo en su corazón de tener una relación personal con Dios. Le habían enseñado que su religión era la fe verdadera, pero le dejaba vacío. No había ninguna relación, tan solo una serie de leyes y regulaciones a las que había que adherirse para que no te mataran. Había oído la palabra "cristiano" y le dijeron que esa religión era diferente.

Un día, un turista estaba tomando una fotografía en la plaza pública en la ciudad de Mert, y Mert, que iba apresurado, literalmente chocó con él. El turista fue muy amable sobre el accidente; demasiado amable. Mert sintió que algo en el turista era diferente. Aunque tales palabras no se pronunciaban en voz alta en su país, él dijo con un inglés roto: "¿Es usted cristiano?".

El turista respondió: "¡Sí!".

Mert bajó la voz y le preguntó: "¿Puede hablarme de Jesús?". Durante unos diez minutos, el turista le contó la historia de Cristo a Mert.

Mert quería más. Encontró una Biblia en un mercado clandestino. "Se puede comprar cualquier cosa en la clandestinidad", me dijo con una sonrisa.

Se devoró la Biblia. Hizo sentido para él. Tres años después, se mudó al norte de Turquía para estudiar en la universidad. Allí, abrió una iglesia con una licencia legal: la única iglesia cristiana en una ciudad de dos millones de personas. Mert alquiló un almacén vacío en un pequeño edificio y abrió la iglesia. Los líderes islámicos del lugar se enfurecieron tanto, que organizaron protestas. Día tras día, no se manifestaban; tan solo se quedaban allí de pie. Su presencia evitaba que la mayoría de las personas asistieran.

Mert y tres de sus amigos oraban diariamente dentro de su pequeña iglesia en el almacén. Entonces, la estación local de televisión emitió una historia sobre los manifestantes. Mert estaba seguro de que la historia en las noticias causaría que cerraran el lugar. Él oró con fervor toda la noche.

El día después de la emisión, un chófer estacionó un auto grande al lado de la línea de manifestantes. Del asiento trasero salió un hombre que vestía un caro traje azul y lentes de sol. Se acercó a la línea y les dijo a los manifestantes que se movieran. Ellos lo hicieron. Él entró por la puerta del frente y encontró dentro a Mert, orando.

El hombre dijo: "¿Es usted el maestro por el que todos ellos están furiosos?".

"Sí".

"Vi la historia", dijo el hombre. "Yo no soy cristiano, pero creo que ellos están equivocados por protestar contra lo que es legal. Somos un país que debe amar a todas las personas. Por lo tanto, aquí tiene este dinero para que compre este pequeño edificio. Y le enviaré dinero cada mes durante un año para que pueda comenzar. Que tenga usted las bendiciones de su Dios".

Se dio media vuelta para irse, y entonces miró por encima del hombro a Mert, y dijo de modo informal: "Ya no tendrá a más manifestantes".

El hombre se fue. Los manifestantes se fueron.

Mert necesitó valor para soportar la arremetida de manifestantes y emisiones de televisión. Se mantuvo fuerte y Dios hizo un milagro. Cuando conocí a Mert, más de cien personas habían tenido un encuentro con Jesucristo en su pequeño edificio pagado ya por completo.

Esta fue tan solo una de las historias que había escuchado cuando me reuní con aquellos líderes valientes. Abordé mi vuelo con un corazón rebosante.

La tarde siguiente, junto con mi esposa Judi, pusimos la grabación de aquellos líderes cantando. Los dos lloramos. Tan solo recordar ese sonido maravilloso y liberador aún toca mi corazón mientras escribo estas palabras, tres años después. Esta es la razón: durante el canto me dirigí al líder que estaba a mi lado; levanté mi voz y dije: "Están cantando muy *fuerte*". Él dijo: "Sí, porque en sus países de origen no pueden cantar en voz alta".

El canto que estábamos escuchando era el sonido del *valor.*

Valor es el resultado del destino abrazado.

En la vida de Nehemías sobresale una cosa: este hombre tenía valor. Tenía una resolución interior que no abandonaba ante la adversidad. Prefería haber muerto que haber renunciado a sus sueños. Sus sueños se convirtieron en su identidad. Abrazar esa identidad lo llenó con valor.

En la actualidad, cuando un hombre entrega totalmente su vida a Jesucristo, recibe un corazón nuevo, un nuevo comienzo, y algo muy importante. Cuando se compromete de verdad, recibe valor.

Valor es mantenerse en el juego cuando otros se rinden. Valor es permanecer en tu matrimonio cuando otros te dicen que está bien que lo dejes. Valor es comenzar una iglesia en la parte más difícil de la ciudad. Valor es enfrentar las críticas y mantener la calma. Valor es no dar la espalda ante la lucha.

El valor es invisible, pero si un hombre tiene valor, verás resultados.

Valor es tener las agallas para defender tus convicciones.

EL VALOR NO SUCEDE SOLO. EL VALOR SE CONSTRUYE.

El valor no sucede solo.No es algo con lo que nace un hombre. Recuerda que nacemos con aversión al riesgo. Nacemos para evitar la confrontación. En el ejército, lo que hay que entrenar en un guerrero es el impulso físico de huir del peligro… emprender vuelo.

El valor se construye. La Palabra de Dios da valor al hombre. Conocer su identidad le da valor al hombre. Tener valores por los que vale la pena luchar le da valor a un hombre. Distinguir el bien del mal y después comprometerse a hacer lo recto da valor al hombre.

Jesús lo expresó de este modo a los hombres que le rodeaban:

> *"Sin embargo, no estoy solo, porque el Padre está conmigo. Les he dicho todo lo anterior* ***para que en mí tengan paz****. Aquí en el mundo tendrán muchas pruebas y tristezas; pero anímense, porque yo he vencido al mundo".*[1]

Cientos de años antes, Dios le dijo a Josué cuando se enfrentaban a obstáculos inmensos: "¡Sé valiente!". Cuando confías en que Dios te respalda, ese es el comienzo del valor espiritual.

En los valles del norte de Irak, el Estado Islámico está masacrando a cristianos: matando muchachos y muchachas, mamás, papás, y familias completas. Sabemos por las noticias que muchos incluso son quemados vivos. Vemos fotografías de los campamentos de refugiados de nuestros hermanos y hermanas cristianos. Vemos imágenes de personas huyendo para salvar la vida, empujados al desierto, a punto de morir de hambre y a kilómetros de distancia de los malvados ejércitos nacionales. Trágico. Horrible.

El activista cristiano y escritor Johnnie Moore explica que les han dicho a esos cristianos: "Si descubrimos que son cristianos, ustedes y sus familias sufrirán una muerte terrible. Conviértanse al islam, o mueran".

Sin embargo, la respuesta de esos cristianos nunca es renunciar a Cristo, sino alentarse unos a otros con que "solamente dolerá durante un minuto".

En fotografías de los campamentos de refugiados, hay un objeto muy notable que es visible por encima del mar de tiendas y de personas. Como respuesta a las amenazas de los terroristas, destacada sobre cada tienda hay una cruz. No solo eso, sino que cada tienda tiene una luz que brilla sobre esa cruz. Bajo el cielo del atardecer, esas cruces se destacan como faros de esperanza. Y brillan como una afirmación valiente para el enemigo. Dicen: "Si ustedes vienen aquí, queremos que sepan, para que no haya ningún error, que somos cristianos. Y ustedes nos matarán, ¡pero no renunciaremos a nuestra fe!".

Valor.

23

ESTÁNDAR

Nehemías y los obreros construyeron los muros de Jerusalén en cincuenta y dos días, dejando hasta el final parte de los terraplenes, cercas, torres, y los inmensos pilares y celdas para las puertas. Cuando Nehemías evaluó por primera vez la ciudad, ni siquiera era posible que su caballo pasara por algunas de las puertas debido a los escombros. Ahora, cuando nombró guardas, la ciudad estaba segura.

Levantar los muros restauró el orgullo nacional. Durante los meses siguientes, más de 50.000 personas hicieron su camino de regreso a Jerusalén. Fue una antigua expresión: "Si ustedes lo construyen, ellos vendrán".[1]

No todos estaban emocionados. Los reyes regionales estaban furiosos. Nehemías no había hecho nada para contrariarlos, no les había enviado amenazas después de que ellos mismos lo amenazaran. Sencillamente había seguido lo que Dios le había enviado a hacer, aquello para lo cual su rey le dio recursos, y eso hizo enfurecer a las personas. Levantar los muros elevó un estándar sobre quién es Dios. Representaba su identidad como un Dios de restauración y renovación. Mostraba que su pueblo, unido en la visión, podía lograr cualquier cosa.

Hoy día, Dios reedifica a las personas. La iglesia, refiriéndose a todos nosotros como seguidores de Cristo colectivamente, eleva la identidad de Dios como recto, santo y amoroso. Cuando levantamos un estándar de justicia, los reyes de la tierra, quienes establecen el pensamiento de la cultura secular, se enfurecen. Se vuelven "cristofóbicos", queriendo decir que son antagonistas al cristianismo sin tener una base además de su prejuicio personal.

La Biblia dice que cuando elevamos un estándar, las personas son juzgadas por su comparación con ese estándar. Como cristianos, no debemos juzgar a las personas, sino levantar un estándar. Igual que Nehemías, cuando elevamos el estándar, seremos amenazados y el mundo se molestará.

Cuando Nehemías terminó la construcción, su siguiente prioridad era mantener seguro al pueblo y honrar a Dios. Situó a hombres con armas en las puertas para proteger a los nuevos habitantes, y les dio a los ciudadanos judíos tarjetas especiales de registro. Entonces comisionó a los sacerdotes para que se prepararan para un tiempo de adoración y celebración. Espadas y música de adoración...

He oído a muchas personas que hablan de Jesús como un Hombre moralmente fuerte, pero muy sensible, casi delicado. Confunden gracia con debilidad. Nunca confundamos la bondad exterior con ser débil por dentro.

Fue la fortaleza de Jesús en el interior lo que le permitió dar su gracia en su exterior. Un hombre que es débil por dentro siempre intenta demostrar su fuerza por fuera. Es un dictador con su familia, demandante con sus empleados, y orgulloso de sus logros, ya sea en el negocio actual o en años pasados en los deportes en la secundaria; siempre sale a la superficie.

Un hombre que es fuerte en su corazón no tiene que demostrarlo. Tan solo lo es.

Uno de nuestros queridos amigos que falleció a una edad temprana fue el afamado jugador de fútbol americano Reggie White. Recuerdo a Reggie en nuestra casa una tarde, jugando con nuestros muchachos cuando eran pequeños. Se subían encima de él, luchando y jugando duro como si fuera un amigo más. Se divertían. Él era amoroso, amable, y lleno de alegría. Dos días después, lo vi en un partido atacar a un jugador inmenso y potente del equipo de los Cowboys, lo lanzó fuera de su camino y apartó al mariscal de campo Troy Aikman, todo en cuestión de segundos. Él era grande, rápido, y no tenía que demostrarlo. Él sabía quién era.

La fortaleza de un hombre está en su corazón. No tiene que demostrarlo; se verá.

Uno de los hombres que conoció a Nehemías en Jerusalén fue otro gran hombre llamado Esdras. Él era un hombre justo, profeta y sacerdote. Esdras sacó los viejos rollos de la Escritura que habían estado almacenados en el templo derribado.

Unos meses después, el pueblo se reunió dentro de los muros de la ciudad. Para entonces, se habían reconstruido casas y negocios, y los caminos se habían limpiado de escombros. La plaza de la ciudad fue abierta para que el pueblo se reuniera.

Leyeron las Santas Escrituras, oraron y se regocijaron. Comenzaron un festival de ocho días de adoración, oración y fiesta que se sigue celebrando en Israel en la actualidad.

Nehemías era el gobernador y las cosas iban bien. Tan solo había un gran problema. Él le había prometido al rey Artajerjes que regresaría a Persia cuando los muros estuvieran terminados. Ya había estado fuera algún tiempo. Las cosas iban bien, pero él sabía que tenía que regresar. El hombre que ahora disfrutaba de las recompensas de reconstruir la ciudad, liderando a varios miles de personas, iba a regresar a su trabajo como copero. Era su trabajo, pero ya no lo definía.

Nehemías, el esclavo y copero, el último hombre que nadie habría esperado, había reconstruido Jerusalén y había hecho regresar a una nación que había estado casi al borde de la extinción. Había tenido éxito. Fue inesperado.

Estoy seguro de que Nehemías pensó en todo esto. ¿Realmente quería volver a ser un copero y esclavo? Pero había dado su palabra. Era un hombre de integridad. Tu integridad demostrará tu madurez.

Un hombre maduro hace lo correcto. Un hombre maduro no es movido por las emociones del momento. Este sigue siendo uno de los problemas que enfrenta nuestro mundo. Hombres inmaduros que actúan como niños. Los hombres pueden seguir siendo inmaduros durante años... o durante toda la vida.

LA FORTALEZA DE UN HOMBRE ESTÁ EN SU CORAZÓN.

Dios quiere que los hombres sean maduros. Que sean fuertes, decididos y coherentes. La madurez proviene de aceptar responsabilidad por tus actos. Madurez es la disciplina de tomar la decisión correcta incluso cuando las emociones o el contexto del momento nos tienten a hacer lo equivocado.

Recuerda que la tentación a pecar no es pecado; lo que nos hace pecar es lo que hacemos con la tentación.

La inmadurez transige. Nehemías regresó a Persia y trabajó para el rey durante algunos años. El gran líder era de nuevo un esclavo. Pero no estaba definido por el trabajo que realizaba. Su identidad había quedado establecida mucho antes.

¡Dios nunca pone tu destino en manos de tu enemigo!

Nehemías era un esclavo, pero poco tiempo después, el rey lo liberó para que volviera a Jerusalén. Esta vez, Nehemías marchó hacia Jerusalén como un hombre libre.

Sin embargo, cuando Nehemías regresó, se encontró con un caos. No era porque el pueblo hubiera comenzado a vivir vidas profundamente inmorales. Se debía a una pequeña concesión cada vez. Se habían vuelto cómodos en las victorias del pasado. Mirar atrás nunca te hará avanzar. Como los muros que se fueron deteriorando, una piedra cada vez, una pequeña concesión, una breve mirada hacia el otro lado, esa pequeña distracción. Sin que nada pareciera ser gran cosa, la ciudad entera se había desmoronado.

Un hombre que sigue a Cristo no tiene la opción de hacer concesiones al pecado.

La maldad es sencillamente aceptar lo que es contrario a la Palabra de Dios, aceptar lo que es malo y decir que está bien. Dios dice que Él aborrece a las personas que dicen que lo malo es bueno y que lo bueno es malo.[2]

Nehemías registró que cuando regresó a Jerusalén, realmente golpeó a algunos hombres que simplemente no aceptaban la corrección. Yo no recomiendo hacer eso, pero ilustra la intolerancia de Nehemías hacia lo que era malo. Él comunicó claramente su postura.

Hay una vieja y poderosa parábola andina de un hombre que iba caminando por la nieve y el hielo en lo alto de las montañas. A un lado del sendero encontró a una serpiente venenosa, una víbora, que se estaba muriendo congelada. La serpiente le dijo: "Por favor, ayúdame", así que el hombre se apiadó y metió dentro de su chaqueta a la víbora. La serpiente y el senderista bajaron por la montaña. Cuando llegaron abajo, con la calidez del día, el hombre sacó a la serpiente de su chaqueta y la dejó suavemente en el suelo. Fue entonces cuando la serpiente le mordió fatalmente. El hombre quedó asombrado, mientras se le escapaba la vida. Le dijo a la serpiente: "Yo cuidé de ti. Te rescaté y te salvé la vida. ¿Por qué me mataste?". La serpiente dijo: "Eres un necio. Sabías que yo era una víbora cuando me recogiste".

Hay demasiados hombres que hacen concesiones, un poco aquí, otro poco allá, pensando que pueden alejarse del borde justamente antes de quedar arruinados. Demasiados hombres agarran serpientes venenosas y creen que pueden evadir la mordedura. Muchos están muriendo en la actualidad debido a eso. No seas ese necio; no agarres la muerte y la escondas en tu pecho.

Un político y miembro de la alta sociedad que podía superar a sus compañeros cantando, superar en argumentos a sus iguales, ser ingenioso y proveer sentido del humor a cada conversación, y jugar como un marinero, tuvo una profunda experiencia con Cristo en la intimidad de su propia contemplación. El popular William Wilberforce se convirtió en miembro del Parlamento cuando tenía tan solo veintiún años. A los veintiséis, un compañero de viaje y él comenzaron a leer literatura cristiana. Un estudio de las Escrituras condujo a William a entregar su vida a Cristo y a la obra cristiana.

Al principio, William iba a dejar la política, pensando que su cristianismo y su carrera política no podían mezclarse. Pero un buen amigo que había llegado a ser Primer Ministro lo convenció de que se quedara. Un año después, William descubrió por qué. Dios tenía una misión para él, una tarea que tenía que lograr, y se convirtió en su sueño.

William se enfureció por el índice de mortalidad entre los esclavos y las deplorables condiciones en las que vivían los esclavos. Se convirtió en uno de los defensores más expresivos del movimiento abolicionista. Una vez tras otra se hicieron proposiciones para detener la marea de la esclavitud, para garantizar libertades, o para remediar las condiciones de vida de los esclavos. Una vez tras otra, el gobierno ganó la partida a William y sus amigos.

Frágil desde su nacimiento, la salud de William fue empeorando continuamente, al igual que su fortuna e incluso su popularidad. Cuando tenía setenta y cuatro años dio su último discurso, y el gobierno presentó el "Acta para la abolición de la esclavitud" final. Esta vez se aprobó, y William fue honrado por sus iguales. Tres meses después, William murió.

Wilberforce nunca vio todos los efectos de sus esfuerzos, pero ya los había visto en sus sueños, su visión; y no iba a ser distraído.

Elevar un estándar puede costarte. Quizá no te haga ser popular, pero te hará ser eficaz.

24

FAVOR

Él va rugiendo en su camioneta 4x4: levantada, con grandes ruedas y neumáticos, con una barra antivuelo Rhino y un fuerte sistema de sonido Rockford Fosgate que cuesta más que la computadora con la que escribo en este momento. Yo observo mientras Jesse se detiene en una cafetería donde vamos a charlar acerca de su futuro que él ni siquiera sabe que va a llegar. Le he aconsejado, he sido un amigo, Judi y yo lo hemos tenido en nuestro hogar, y en mi corazón siento que hoy es el día. Tengo que confrontarlo con la dura verdad.

Jesse entra con su mochila a la vez que yo me alejo del mostrador con un café con leche para mí y otro americano para él. Nos sentamos solos en el exterior y enseguida vamos al grano. Pero Jesse me sorprende. Me dice: "Oye, necesito hacer un cambio". Eso es quedarse corto. Yo me acerco un poco y escucho. Él abre su mochila y saca dos carteles de color rojo que dicen Se Vende. "Voy a poner a la venta la camioneta".

Yo me reclino, riendo: "¡Estás bromeando!".

"No, no bromeo", dice él, mientras los guarda. Mira, me encanta, pero me está reteniendo. Toda mi identidad está envuelta en esa camioneta. Mira, ¡mi identidad tiene que estar en algo más que lo que conduzco!".

"¡Sabiduría!". Le doy un golpecito en el hombro y después me pongo serio. "Jesse, hoy quería decirte que realmente es el momento. De verdad necesitas hacer esa oración".

"La oración de Nehemías", dice él. Lo había visto venir. Llegó preparado.

"Sí, la oración de la que te he estado hablando".

La oración no es larga, pero es una de las oraciones más poderosas en la Biblia. Esa oración lanzó al hombre más inesperado del mundo a reconstruir la ciudad de Jerusalén. Nehemías reconstruyó los muros que habían sido construidos más de quinientos años antes por el rey David. Él se convirtió en el hombre que reconstruyó las puertas de una Ciudad Santa por la que caminaría Jesús 450 años después.

Jesse y yo hacemos la oración de Nehemías.[1] Nuestra paráfrasis es como sigue:

> Amado Dios, Señor del cielo y de la tierra, mi Padre celestial que cumple su pacto de amor eterno hacia quienes lo aman y obedecen sus mandamientos, ¡gracias por escuchar mi oración!
>
> Te doy gracias por tu hijo Jesús, y por el perdón que tengo a causa de Él. Confieso sinceramente que he pecado contra ti y contra tu Palabra. Vivo en un mundo pecaminoso. Gracias por perdonarme. Oro por perdón para mi nación y mi cultura.
>
> Tú dijiste que nos perdonarías si te pedíamos perdón. Que limpiarías mi corazón y mi vida y me harías una nueva creación. Tú prometiste a Nehemías que restaurarías su nación si el pueblo te era fiel. Y lo hiciste. Siempre has cumplido tu palabra. Tú prometiste no dejarme nunca, que me darías tu presencia, el Espíritu Santo, para guiarme, fortalecerme, restaurarme, y ayudarme a llegar a ser todo aquello que tú

> pensaste para mí. Vuelvo a entregarte mi vida hoy, totalmente y plenamente.
>
> Dios Padre, tú nunca has dejado de amarme, y tu mano fuerte me ha rescatado. Mi vida te pertenece.
>
> Ahora, te pido, querido Padre, un gran éxito. Te pido favor con el pueblo y los líderes. Te pido que siempre estés conmigo, tal como lo prometiste. Te pido que mantengas mi corazón seguro y libre de pecado. Que me guíes hacia el propósito para el cual tú me creaste. Te pido por la redención de toda la humanidad y por la salvación de toda mi familia y todos mis amigos. En el nombre de Jesús, amén.

Es una mañana espectacular. La calidez del momento está reflejada por el sol de Texas que se eleva hacia el este por encima de los edificios. Vamos caminando hacia nuestros autos. En las películas, habría sido un momento más largo, pero somos hombres, y no vivimos en las películas. Por lo tanto, nos damos un apretón de manos, y después un rápido abrazo. Yo le digo que oraré por él cada día. Mientras se aleja, grita por la ventanilla del acompañante: "¡Oye, gracias!".

Judi y yo hablamos de Jesse esa misma noche. Es difícil para los dos creer que él es el mismo hombre. Una vida cambiada se trata de Dios.

Como hombres, encontramos nuestra identidad cuando perdemos nuestra identidad en Cristo. Primero aceptamos la responsabilidad por nuestros errores, después aceptamos el perdón de Dios, y entonces en su fortaleza, nos perdonamos a nosotros mismos. Tendemos a hacer que sea complejo, pero es bastante sencillo.

Como escribió el teólogo Alexander MacLaren: "Ningún hombre que primero no haya llorado sobre las ruinas hará un trabajo digno en reconstruir los muros".[2]

Al día siguiente llegué al aeropuerto para viajar fuera de la ciudad. A otra ciudad. Otra oportunidad. Mientras me siento en el avión, recibo un mensaje de texto…

"Camioneta vendida ya. Es favor, hermano. ¡Lo estoy haciendo! Jesse".

Estoy seguro de que las personas me miran y se preguntan por qué estoy sentado en el avión yo solo con una gran sonrisa. Fue inesperado.

Nehemías. Un copero, un esclavo: tan solo un hombre. Personas inesperadas...

EPÍLOGO

Este libro es algo más que las palabras que hay en él… habla de sonidos, colores, un llamado, una causa: una trompeta que suena en la distancia, y que llega hacia esta dirección. Se trata de urgencia, trabajo, esfuerzo, sudor, y Jesús. Se trata de café fuerte y fuertes amistades, de hombres fuertes e iglesias fuertes, y de hombres que tropiezan y caen, pero vuelven a levantarse.

Habla de hombres que sueñan y después ponen una fecha al sueño. Habla de hombres adultos que no retroceden cuando reciben un puñetazo en la cara, cuando son malentendidos, o rechazados, o la sala está demasiado caliente o demasiado fría, o una reunión se alarga demasiado. No habla de conveniencia y comodidad, sino de carácter, valor, convicción, y la cruz.

Puede que no sean palabras bonitas, pero es mi oración que sean palabras que pinten imágenes brillantes y poderosas en tu corazón, que te activen para llegar a un nuevo nivel de vida. Yo he sido profundamente desafiado al escribir estas palabras. Todos tenemos muchas imperfecciones. Con mucha facilidad presto atención a otras voces, me inclino muy fácilmente a querer caer bien en lugar de declarar la dura verdad… pero no voy a soltar el sueño. Estoy subrayando mi propio libro… haciendo el trabajo.

La mayoría de las historias que hay en estas páginas fueron escritas sobre hombres a los que conozco bien. Cambié nombres y con frecuencia ocupaciones para darles espacio para seguir escribiendo sus propias historias. Pero todas ellas, al igual que el café, son tan reales como las piedras de Jerusalén. Lloré con muchas de sus historias mientras escribía. Hombres de verdad con problemas de verdad. Victorias de verdad, derrotas de verdad. Lo único que yo hice, como puede hacer cualquier amigo, es ayudar a crear un camino de acceso al Padre. Solamente Dios puede cambiar el corazón de un hombre. El poder del Espíritu Santo tiene que abrazarse. No se trata de explicaciones o información, siempre se trata de revelación. Siempre se trata de Jesús.

Tu vida se trata de la historia que te cuentas a ti mismo sobre ti mismo. Tu identidad. Esa brújula interior que dirige tus decisiones, que guía tu vida. Tienes que trabajar duro para derrotar la negatividad de nuestro mundo, y los mensajes a los que sucumbimos con tanta facilidad. Haz el trabajo para sintonizar con la voz que te dice que eres valioso, que tienes valor, que puedes lograrlo, que no tienes que ceder a la lujuria, a los celos o al compromiso del momento. Esa es la voz de Él, la voz característica de nuestro Padre.

Es mi oración que hagas el trabajo, encuentres una nueva visión, y estés dispuesto a hacer la oración de Nehemías para ti mismo:

> Amado Dios, Señor del cielo y de la tierra, mi Padre celestial que cumple su pacto de amor eterno hacia quienes lo aman y obedecen sus mandamientos, ¡gracias por escuchar mi oración!
>
> Te doy gracias por tu hijo Jesús, y por el perdón que tengo a causa de Él. Confieso sinceramente que he pecado contra ti y contra tu Palabra. Vivo en un mundo pecaminoso. Gracias por perdonarme. Oro por perdón para mi nación y mi cultura.
>
> Tú dijiste que nos perdonarías si te pedíamos perdón. Que limpiarías mi corazón y mi vida y me harías una nueva

> creación. Tú prometiste a Nehemías que restaurarías su nación si el pueblo te era fiel. Y lo hiciste. Siempre has cumplido tu palabra. Tú prometiste no dejarme nunca, que me darías tu presencia, el Espíritu Santo, para guiarme, fortalecerme, restaurarme, y ayudarme a llegar a ser todo aquello que tú pensaste para mí. Vuelvo a entregarte mi vida hoy, totalmente y plenamente.
>
> Dios Padre, tú nunca has dejado de amarme, y tu mano fuerte me ha rescatado. Mi vida te pertenece.
>
> Ahora, te pido, querido Padre, un gran éxito. Te pido favor con el pueblo y los líderes. Te pido que siempre estés conmigo, tal como lo prometiste. Te pido que mantengas mi corazón seguro y libre de pecado. Que me guíes hacia el propósito para el cual tú me creaste. Te pido por la redención de toda la humanidad y por la salvación de toda mi familia y todos mis amigos. En el nombre de Jesús, amén.

Vive fuerte, ama bien, ríe en voz alta, abraza a menudo, cultiva flores y desarrolla guerreros. Demasiados hombres viven en la zona gris. Dios no vive en las sombras; Él vive en la brillante luz de la libertad.

Este no es el final de un libro. Es el comienzo de que tú llegues a ser lo que siempre has querido ser, a hacer lo que siempre has querido hacer. Persigue tu sueño con fuerza. Yo creo en ti. Dios cree en ti.

Tú eres el *hombre inesperado*.

NOTAS

CAPÍTULO 1

1. Salmos 122:6.
2. Don Henly y Glenn Frey, "Desperado" (Atlantic Records, 1973).
3. Proverbios 4:23.

CAPÍTULO 2

1. Jeremías 29:11, paráfrasis del autor.
2. Colosenses 3:23; Ver también Eclesiastés 9:10.
3. BLP.
4. RVR 60.

CAPÍTULO 3

1. Nehemías 1:5–7 NTV
2. Nehemías 1:8–9 NTV.
3. Nehemías 1:10–11 NTV.
4. Santiago 4:2–3, paráfrasis del autor.
5. Efesios 1:5–6, paráfrasis del autor.
6. Efesios 1:6 RVR 60.
7. Ver Lucas 1:28 NVI y RVR 60.
8. Jueces 6:12.
9. Ver Génesis 37:3.
10. Éxodo 3:12; ver Génesis 12:1–3.
11. Mateo 28:20.

CAPÍTULO 4

1. Nick Vujicic, *Life Without Limits* (New York: Crown Publishing Group, 2012), p. 37.
2. Theodore Roosevelt, "The Strenuous Life", *The Strenuous Life: Essays and Addresses* (New York: e Century Co., 1900, publicado en línea en febrero de 1998 por bartleby.com).
3. Santiago 2:26 RVR 60.
4. Hebreos 10:36, paráfrasis del autor.
5. General George Patton, GeneralPatton.com, http://www.generalpatton.com/quotes/ (consultado en línea 10/3/16).
6. Por lo general se le atribuye a Calvin Coolidge, esta cita apareció por primera vez en un panfleto de 1930 impreso por New York Life Insurance Co.

CAPÍTULO 5

1. Nehemías 2:2, paráfrasis del autor.
2. Nehemías 2:3–5, paráfrasis del autor.

CAPÍTULO 6

1. Juan 3:16 RVR 60.
2. Ver 2 Reyes 4:1–7.
3. Isaías 32:7–8 NTV.
4. Isaías 32:8 NTV.

CAPÍTULO 7

1. Ver Santiago 2:17.

CAPÍTULO 8

1. Salmos 119:11, paráfrasis del autor.
2. Proverbios 4:23, paráfrasis del autor.
3. Mateo 22:36–40, paráfrasis del autor
4. Ross Perot, "Ross Perot Quotes", Brainyquote.com, http://www.brainyquote.com/quotes/quotes/r/rossperot101658.html (consultado en línea 10/3/16).

CAPÍTULO 9

1. Juan 20:23, paráfrasis del autor.

CAPÍTULO 10

1. Hebreos 13:5, traducción libre.

CAPÍTULO 11

1. Génesis 3:1.2.
2. Corintios 5:17, paráfrasis del autor.

CAPÍTULO 12

1. 1 Corintios 9:24–27 NTV 1996.
2. Sam Charles Sarkesian, ed., *Revolutionary Guerilla Warfare* (Piscataway, NJ: Transaction Publishers, 2010), p. 167
3. Oseas 7:16 NTV.

CAPÍTULO 13

1. 2 Timoteo 1:7, paráfrasis del autor.
2. Ver Salmos 23
3. Ver Marcos 5:36; Mateo 14:27; 6:34; Juan 14:27; Isaías 46:4; Mateo 25:21.
4. Romanos 5:3–5 NTV.

CAPÍTULO 14

1. John Steinbeck, "Private letter to Elizabeth Otis", *Steinbeck: A Life in Letters*, MondayMorningMemo.com, http://www.mondaymorningmemo.com/shinyeasythings-steinbeck/ (consultado en línea 2/15/17).
2. Ver Lucas 16:11.

CAPÍTULO 15

1. Mateo 4:4 NTV.
2. Salmos 119:11 NTV.
3. Ver Mateo 4:10.
4. NTV.
5. 1 Juan 1:9 NTV.

CAPÍTULO 16

1. Geo Gorsuch, *Brothers!* (Colorado Springs, CO: NavPress 1994), p. 34.
2. Proverbios 8:23.
3. Proverbios 4:7 RVR 60.
4. Santiago 3:14–15.
5. 2 Corintios 1:12.
6. Ver Mateo 18:18–19.
7. Isaías 61:3, paráfrasis del autor.

CAPÍTULO 17

1. Romanos 12:2, paráfrasis del autor.
2. Nehemías 4:17, paráfrasis del autor.
3. Ver Nehemías 2:6
4. Nehemías 4:14 NTV.
5. Nehemías 4:20 NTV.

CAPÍTULO 18

1. Nehemías 6:11, paráfrasis del autor.

CAPÍTULO 19

1. Juan 16:33 NTV.
2. Romanos 12:12 NTV.
3. Santiago 1:2–4 NTV.
4. Ver Zacarías 4:6.
5. Ver 1 Samuel 16–17.
6. Ver Romanos 8:37.
7. Lucas 4:18–19 NTV.

CAPÍTULO 20

1. Lucas 4:18–19 NTV.
2. Pete Verger, "Turn! Turn! Turn!" (Columbia, 1965).
3. Gálatas 6:7, paráfrasis del autor.

CAPÍTULO 21

1. Mateo 16:18 NTV.
2. 2 Timoteo 2:2, paráfrasis del autor.
3. 2 Timoteo 2:2 RVR 60.
4. Santiago 2:23 NTV.
5. Génesis 15 NTV.
6. Proverbios 27:17 NTV.
7. Proverbios 17:17.
8. Proverbios 18:24 RVR 60.
9. Juan 11:39 RVR 60.
10. Ver Juan 11:38–44.
11. Juan 15:14–17 RVR 60.
12. Ver Proverbios 18:24 RVR 60.

CAPÍTULO 22

1. Juan 16:32–33 NTV.

CAPÍTULO 23

1. Phil Alden Robinson, *Field of Dreams,* adaptado de la novela de W. P. Kinsella, *Shoeless Joe* (Universal Pictures, 1989).
2. Ver Isaías 5:20.

CAPÍTULO 24

1. Nehemías 1, paráfrasis del autor
2. *MacLaren's Expositions,* Nehemías 1:1–11, Biblehub.com, http://biblehub.com/commentaries/Nehemías/1-1.htm (consultado en línea 8/28/15).

ACERCA DEL AUTOR

Paul Louis Cole, doctor en Divinidad, presidente de la Red de Hombres Cristianos, es un comunicador, plantador de iglesias, pastor, escritor, y uno de los principales expertos del mundo en temas de hombres. Paul es un galardonado escritor/productor/director en medios, pero su pasión está en llevar globalmente el mensaje de la hombría semejante a Cristo. Es hijo de Edwin Louis Cole, y ha continuado el trabajo de la Red de Hombres Cristianos ayudando a pastores a edificar hombres, familias e iglesias fuertes en más de cien naciones. La misión de Paul es rescatar a hombres, derrotar la carencia de paternidad, y poner fin al abuso infantil, proveyendo herramientas y estrategias de liderazgo para llevar a los hombres una palabra clara y definida.

Paul y su esposa por más de cuarenta años, Judi, residen en Grapevine, Texas. Tienen tres hijos y cinco nietos.

ACERCA DE LA RED DE HOMBRES CRISTIANOS (*CHRISTIAN MEN'S NETWORK*)

Durante cuarenta años, el ministerio de la Red de Hombres Cristianos (*Christian Men's Network*) ha trabajado para ganar a hombres para Cristo. Cofundado por Edwin Louis Cole y su familia, el ministerio sigue dinámico en la actualidad en más de cien naciones y en ochenta idiomas. CMN ha creado poderosas herramientas para edificar a hombres exitosos para una Iglesia muy motivada. Recibido por líderes cristianos en todo el mundo, es el modelo de discipulado para hombres más ampliamente utilizado en el mundo y probado por el tiempo. Casi dos mil millones de hombres han llegado a una hombría "al máximo" mediante este alcance sencillo y a la vez eficaz para los hombres.

Para albergar un evento de hombres en tu zona o en tu iglesia, iniciar el entrenamiento *MAJORING IN MEN*® (Especializados en hombres) en tu iglesia, o para recibir información adicional sobre el ministerio de hombres, contacta con *Christian Men's Network*.

ChristianMensNetwork.com
P. O. Box 3
Grapevine, TX 76099
817-437-4888